爱情的吸引力

外貌互补

关秀娟 著

北方文艺出版社
哈尔滨

图书在版编目（CIP）数据

爱情的吸引力与外貌互补 / 关秀娟著 . —— 哈尔滨：
北方文艺出版社，2025.1. —— ISBN 978-7-5317-6495-3

Ⅰ．C913.1

中国国家版本馆 CIP 数据核字第 2024Q6F644 号

爱情的吸引力与外貌互补
AIQING DE XIYINLI YU WAIMAO HUBU

作　　者 / 关秀娟
责任编辑 / 富翔强　　　　　　　　封面设计 / 刘　美

出版发行 / 北方文艺出版社　　　　邮　　编 / 150008
发行电话 / (0451) 86825533　　　经　　销 / 新华书店
地　　址 / 哈尔滨市南岗区宣庆小区 1 号楼　网　址 / www.bfwy.com

印　　刷 / 三河市华东印刷有限公司　开　　本 / 880×1230　1/32
字　　数 / 100 千字　　　　　　　印　　张 / 6
版　　次 / 2025 年 1 月第 1 版　　　印　　次 / 2025 年 1 月第 1 次印刷

书　　号 / ISBN 978-7-5317-6495-3　定　　价 / 88.00 元

出版说明

　　《爱情的吸引力与外貌互补》是一本角度独特的社会心理学著作。作者凭借其20年婚纱摄影师的专业背景，长期观察情侣们的外貌特征，发现了一个有趣的趋势：很多情侣在皮肤、眼睛、身高、脸型、体型等方面呈现出互补现象。通过这本书，作者希望提升人们的社交认知，从更科学、理性、人性化的角度去理解和改善人际关系，呼吁人们互相尊重、互相爱护，从而解决生活中常见的心理问题，缓解社会矛盾，并为每个人的社交关系提供一个全新的发展方向。

　　我们承认，书中强调外貌在情感关系中的作用是作者的一家之言，旨在分享其独特的发现，而不是给出情感心理学上的绝对结论。爱情是人类最复杂的情感之一，外貌互补只是其中一个可能的因素。本书中的相关论述作为一种观察和分析，旨在提供给读者新的视角，而非将其视为产生爱情与否、爱情是否长久、婚姻是否顺利，甚至人际关系是否和谐的唯一原因。

　　本书的内容不一定适用于所有情感关系。如果读者在阅读过程中有任何疑问或意见，欢迎随时来电来函与我们沟通。我们非常重视您的反馈，并将尽力改进我们的出版工作。

前　言

　　熙熙攘攘的人群，看起来是那么复杂，但是大家想过没有，在人群的社交的架构上，一定会存在着某些最关键的成分，它被人们忽视了，它就像电脑里的中央处理器芯片和基础的操作系统一样，影响着整体软件的运行，是重要的底层操作系统，我们社交系统的运行，也同样离不开这种操作系统，这个系统是"物竞天择，适者生存"，它是大自然的运行规律，表现出来的框架就是人类的外貌是否互补。

　　按常理说，外貌的职责应该只是从肤色，从长相上去辨别区分不同的人，但事实上，外貌不但具有区分人的作用，还暗中影响着人与人的关系，它可以让你喜欢或者不喜欢对方，是第一印象的潜规则，同时也是爱情和友情等很多种关系维系和发展的重要元素。

　　在外貌互补这里，人类的美与丑不是绝对的，美与丑只是人类的判断标准而非大自然的判断标准，大自然判断的是每一个人的外貌与他人是否发生互补，由此对人的行为产生什么影响，它只关注这一点，由于这种法则针对的是个体，这势必会影响每一个人对审美的认知各不相同，在自然选择上，这一点体现得特别突出。

外貌是否互补决定了人们非血缘关系的远近亲疏，也能在有血缘关系的人之间产生一定的影响。来到这世界上我们每个人并没有什么不同，但现实世界却是，外貌是否互补无时无刻不在影响着人和人的关系，制造差异化，它有利有弊，既是大自然运行的宏观系统，又是影响人类的微观体系，它能扭曲人的心理感觉，把人和人之间的关系拉近或者推远，让真实的信息塞车。

你不能计划外貌是怎么长的，但是你可以计划生活和人际关系怎么进行，外貌互补塑造了人类交往的内在宇宙，一个人喜欢什么类型的人，首先得取决于你自己长什么样子，把自己当成一个参照物，然后看看你和对方的样子是否互补，如果互补，就属于互相欣赏喜欢的类型，是双向选择也是同频共振，能感觉到来自对方善意，是不一样的烟火，如果不互补，就属于相互不喜欢的类型，会遭遇嫌弃并感觉到对方不那么善良，那就属于冒烟型的。

相爱不能抵万难，合适才是，这种合适就是外貌非常互补的人。真爱是存在的，抓住痛点，就会有解决方案，在外貌互补这里，能影响感情的不只有地位和财富这些外在因素，首先还要过外貌是否互补这一关才行。

我们关注世界的角度不一样，每一个人，在别人的眼里都不一样。如果参透了外貌互补这件事，就能看到眼睛之外所忽略的一些内容，人和人之间就能多一些理解和沟通，让人群之间的社交关系更健康。

在有情众生里，长什么样的人都有，喜欢什么样人的也都有，无论任何关系都有外貌互补的影响，人的外貌是否互补，在看后第一眼那稍纵即逝的感觉里，就能读取到，是喜欢还是不喜欢，这是最原始的审美状态，掺不了虚假，它严重地干扰到我们的事实和真相，平添了远近亲疏。

因为从小就爱画画的原因，我对人物五官和身材的线条形象相对敏感一些，小的时候就觉得人长得千姿百态，虽然没有一样的，但感觉那些非血缘关系又很亲近的人之间，相貌上都有一种互补的感觉，发现外貌互补的人之间确实更容易相处一些，在搜索了一些资料之后，没查到什么东西，于是出于好奇我会经常在生活中继续观察这种现象，好奇心让我想找到确定的结果，看看这到底是不是事实。

二十多年前，我开了一家婚纱影楼给新人拍摄婚纱照片，需要经常去学习摄影或者化妆技术，在一次学习化妆的过程中，出现了一件事，那就是我被人毫无理由地嫌弃了，在那个化妆的班级里，有一个女孩子二十多岁，横竖看我不顺眼，我感觉她是来毁我自信的，我尽可能地示弱，远离她，不看她，尽量避免四目接触，我都快要躲到月球上去了。但是不行，只要一不小心遇见她，便能感觉到她对我的那股杀气，不友好的眼神，可能是讨厌我，也可能是嫉妒，或者是说不出来的其他什么，她给我投射的全都是我无法理解的负能量。

这个女孩子我不认识她，一没说过话，二没共过事，就是人群中的陌生人，唯一有过交集的地方就是坐在同一个教室学习化妆，座位也离得挺远，是同学关系，我既没招过她也没惹过她，她怎么就那么讨厌我呢？简直没地方说理去，我只能最大化地躲避和她正面的接触。

我们两个属于外貌不互补类型的，反观她，她也不是我喜欢的人，她给我的外表印象是很凶的，不友好的那种类型，我想她这么不喜欢我，可能对我也是相同的感觉，在外貌互补那里去解释，正常情况下，好坏的感觉双方是对应的。

概率上看，人都会碰到不顺眼的人，这种不好的感觉仿佛是刻在基因里，是天生的，也是相互的，不受后天影响，属于外貌不互补的类型。

外貌是否互补，过滤分类人和人之间的关系，那就是外貌互补的人之间有友好的吸引力，外貌不互补的人之间有自然的排斥现象，我和那个女孩子的关系就属于后者。

每当遇到这种人际关系问题的时候，我喜欢换种思路，切换到外貌互补这个角度再去重新观察，而每一次观察都对这种现象增加了一次肯定。

观察这种互补的现象成了我的一个习惯，我在给新人化妆拍照的时候，也同样观察情侣之间都互补在哪里，究竟是什么样的外貌让他们产生的爱情呢？我逐渐发现身材外貌长势完全相反的两个人，再加上性情等方面截然不同的两个人之间确实会有很大的吸引力，这就是互补关系，而这当中最重要的第一吸引要素就是外貌是否互补。

化妆间里面有六个新人，新娘们在化妆，新郎们在后面休息，我就在心里默默地根据外貌互补的情况把他们分成了三对，想验证一下，看看我区分的对不对，化完妆之后，这三对新人各自回到自己的伴侣那里，没错，他们正是我刚刚区分出来的那几对，当时感觉很开心，设想，如果把这种思路用到生活里，是不是可以按照这个逻辑做点什么呢？

有大众审美，也有小众审美，每个人也都有自己独特的审美观，就像明星偶像各有各的粉丝群体一样，各花入各眼，萝卜青菜各有所爱，有喜欢这个明星的，也有喜欢那个明星的，这些粉丝之间的意见会不同，放在一起可能会吵起来，是因为他们有各自喜欢的明星，认为他们是颜值的天花板，所以，你还能根据外貌互补的道理，把明星的长相当成参照物，去推测出他粉丝群体的成员们长的大致是什么类型的，很神奇。

对于外貌，每一个人的理解标准肯定是不一样的，假如这种审美标准都是一样的话，那全世界都得乱套，旱的旱死，涝的涝死，只有审美不一样了，才能多元化，才能丰富发展这个世界，所以，是外貌互补的现象让万千不同样子的人，扰乱了每个人的辨别系统。

外貌互补就像是磁铁的 N 极和 S 极，同级相斥，异级相吸，根据磁性的多少，吸引力的强弱也不相同，有吸引力的人即使外貌没有很明显的互补，也要有神似互补的因素才行，虽然不太好辨别，但也一定是互补的。

我们每一个人在这世界上都是独一无二的，独一无二的你找到独一无二的他，爱来临的时候，能让人感到所行化坦途，所到之处皆春暖花开，让人们获得幸福。在那个能让我们感到安全，满足，和信任的人眼里，你才能成为全世界最好的存在，你是美的，也是善良的，你的一切都会被接受，一个人的自信和勇气得到了回应，能被别人全盘接受这个事情非常了不起，所以，这么重要的事情，不要因为大家都交卷了就乱写答案，如果没遇到合适的，我们就应该化被动为主动去寻找，才能增加概率去找到那个和你外貌很互补，价值观又相同的人，在外貌互补的理论里，你可以根据自己互补的类型，主动地去选对关系，选对人。

能看得见的外貌，都存在互补，外貌互补像磁场的吸引力一样在影响着人群，大道至简，它让人群的聚合变得复杂又有规律，新一轮的科技正在发展，思维也不应该被定住，只有参透这种自然规律，才能活得舒服通透。看懂世间本质才能很好地游戏人生，自由度越大。

我们既要遵循大自然的规律和人性的规律去生活，但又不该被自然现象彻底地蒙蔽束缚，我们是有智慧的人，应该知道，眼睛看不到的地方还有更大的世界，如果每个人都能带着外貌互补的社交绝技来到生活中，用更大的视角去理解和尊重别人，就会自如地解决各种问题，让自己和周围的人际关系得到改善，并能相互温暖并且包容世间万物，让世界上每个角落的人都能阅读到人间的美好。

外貌互补对社交关系影响的思维导图：

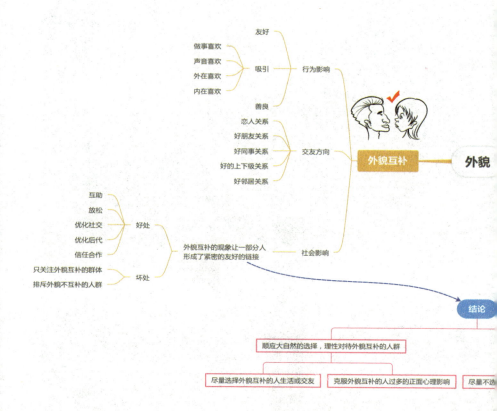

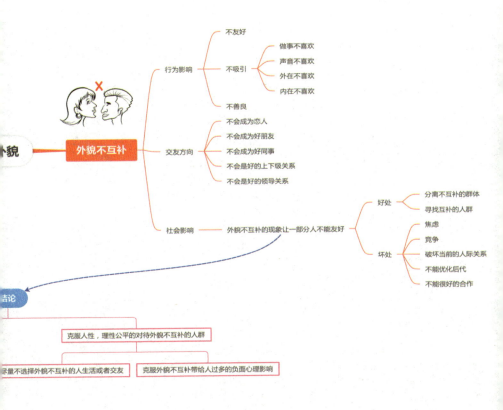

外貌

外貌不互补

行为影响
不友好
不吸引
做事不喜欢
声音不喜欢
外在不喜欢
内在不喜欢
不善良

交友方向
不会成为恋人
不会成为好朋友
不会成为好同事
不会是好的上下级关系
不会是好的领导关系

社会影响 —— 外貌不互补的现象让一部分人不能友好

好处
分离不互补的群体
寻找互补的人群

坏处
焦虑
竞争
破坏当前的人际关系
不能优化后代
不能很好的合作

结论

克服人性，理性公平的对待外貌不互补的人群

尽量不选择外貌不互补的人生活或者交友

克服外貌不互补带给人过多的负面心理影响

目 录
contents

第三章

疯狂的外貌互补让人们的选择大于努力

第四章

了解外貌互补对人们的影响

↓

第 一 章

外貌互补对爱情和友情的影响

1. 什么是外貌互补

外貌长势截然相反的两个人，他们之间就属于外貌互补的人。

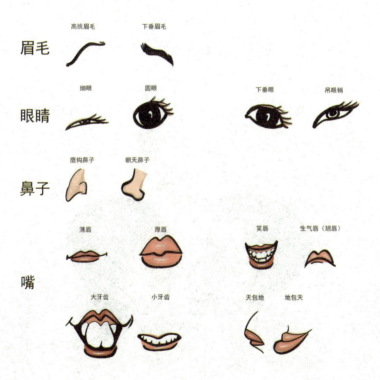

上面出现的图片都是情侣之间外貌互补的对比图解，我们可以通过文字和图片，在两个人之间对比一下，给大家一个参考，需要说明的是，外貌互补图解用的都是比较夸张的手法，在现实生活当中，有的人外貌互补反差比较大，一看就看出来了，而有的人之间只是一些细微的差别，不易察觉，但一定都限定在这个外貌互补的大框架里。

为什么有人觉得漂亮的人不漂亮，有人觉得不漂亮的人漂亮，有的人看别人长得就善良，不好也好，有的人看人长得就不善良，好也不好，同样一个人，在不同人的眼里，有不同的看法，千差万别，人和人的看法怎么这么复杂？这都是怎么定义的呢？

怎么才能化繁为简，破解这个让人蒙圈的问题呢？这就要从外貌互补这个角度研究一下了。

首先来看看下图的两对，他们一对是外貌互补的，另一对是外貌不互补的。

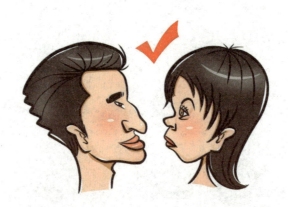

外貌互补图解 (两个人的五官形状 , 形状特征相反 , 是互相吸引的类型) :

男 :1. 细长头 , 2. 扁额头 , 3. 小细吊眼梢 , 4. 宽瘦长凹陷脸 , 5. 面部凹陷 , 6. 又长又宽又高的鹰钩鼻子 (鼻头朝下) , 7. 人中短 , 8. 嘴又大又厚 , 9. 地包天嘴型 , 10. 笑唇型 (嘴角上扬) , 11. 长下巴突出。

女 :1. 短圆头 , 2. 宽圆额头 , 3. 大圆眼 , 眼尾下垂 , 4. 窄圆小短鼓出脸 , 5. 面部凸出 , 6. 又短又窄又小的朝天鼻子 (鼻头朝上) , 7. 人中长 , 8. 嘴又小又薄 , 9. 天包地嘴型 , 10. 生气唇型 (翘唇) , 11. 短下巴内缩。

(这种外貌非常互补的人之间 , 会相处得非常好 , 他们彼此看对方都是完美漂亮又善良的)

外貌不互补图解 (两个人的五官形状 , 形状特征相似 , 是互

相排斥的类型):

女 :1. 细长头 ,2. 扁额头 ,3. 宽瘦大长脸 ,4. 面部凹陷 ,5. 又长又宽又高的鹰钩鼻子 (鼻头朝下),6. 人中短 ,7. 嘴又大又厚 ,8. 地包天嘴型 ,9. 笑唇型 ,10. 长下巴突出。

男 :1. 细长头 ,2. 扁额头 ,3. 宽瘦大长脸 ,4. 面部凹陷 ,5. 又长又宽又高的鹰钩鼻子 (鼻头朝下),6. 人中短 ,7. 嘴又大又厚 ,8. 地包天嘴型 ,9. 笑唇型 ,10. 长下巴突出。

我一直觉得外貌互补能让两个人有吸引力 ,但是不确定 ,可是后来我开了婚纱影楼 ,在工作一段时间后 ,发现身边来拍照的每一对新人无论在身材上还是在外貌上 ,确实都有互补的倾向 ,然后出于好奇我就会经常去观察这个事 ,经过大量的观察 ,无一例外 ,我所看见的新人全都是外貌互补的 ,大量的观察让我逐渐确定了这件事。这让我有一种豁然开朗的感觉 ,很多心里疑惑不解的问题 ,似乎都有了答案。

经常在拍照的同时会遇到一种情况 ,新郎会很自豪地跟我说 ,嘿嘿 ,你看我媳妇漂亮不 ?我会出于礼貌附和说 ,哇 ,真的很美哦 !但是很多时候 ,我的心里可不是这么想的 ,甚至和新郎的看法是反过来的 ,有一言难尽的感觉。但是看他们之间都是很开心满足的样子 ,他们之间的美好看法 ,的确都是真实有效的。

五官互补图解 1：

男：1. 瘦，2. 小，瘦长头部，3. 凸脸型，4. 眉毛上扬，5. 下垂眼，6. 大长下垂鼻子，7. 薄唇小嘴，8. 嘴角上扬笑唇，9. 下巴内缩。

女：1. 胖，2. 大，短胖头部，3. 凹脸型，4. 眉毛下垂，5. 吊眼梢，6. 短小朝天鼻子，7. 厚唇大嘴，8. 嘴角下垂（翘唇），9. 下巴突出。

　　我在影楼工作期间，还会遇到一类情况，那就是，曾经在我们影楼拍过婚纱照的情侣有一些是会离婚的，离婚之后又领着新的伴侣来拍照，再次结婚。正常情况下，这一次结婚的对象在外貌上，一般会比上一个更加互补。

　　人和人之间会根据外貌互补的多少，产生出不同的喜爱程度，外貌互补是亲密关系交往的第一硬件。这是大自然的选择，遇到了外貌很互补的人，潜意识给人的感觉就是遇到了有眼缘的人，喜欢类型的人，如果外貌不互补，关系很难维持长久，这也就是一些人在结婚后又会离婚的根本原因，可能他们又遇到了外貌更加互补的人，说白了，就是又遇到了更好看更喜欢的人。

在互补能影响婚恋的基础上，我又逐渐发现外貌互补实际上还能影响很多东西，得到这个确切的答案后，我便注意收集整理相关的证据，希望能帮助更多的人。

在我看来这个世界里，爱的法则就是以外貌互补为基础的，这导致每一个人的审美心理都是不同的，参透这个道理之后，最简单的解释就是，你觉得他好看，他就是好人；你觉得他不好看，那么你看他哪儿都不好，这是人性的正常心理，也是自然规律。

这两点结合了，你就能证实自己是最美丽的人了，第一点是要自信，第二点是你要去找到那个和你外貌互补的人在一起生活或者共事，那么你从对方那里得到的都是对方发自内心的欣赏和鼓励，你会变得更自信。

如果你有幸遇到身材外貌和你非常互补的人，那么在对方眼里，你们彼此就是那个对的人，你真的就会在他（她）眼里一跃成为全宇宙最美丽的人，同时由于外貌互补的原因，你们的这种感觉也是相互的。

无论你是高矮胖瘦，是黑是白，是健康还是残疾，是贫穷还是富有，甚至是毁容也没关系，都不用担心和自卑自己的容貌了，在这个地球上，一定会有很多与你外貌互补的人，他们在等待着和你结识，他们是喜欢你这种类型的，所以不管你长得是什么样子，你都应该摆脱你的自卑，提升你的认知，活出你的个性，骄傲起来，要知道，每一个人的美都是无可比拟的，无法复制的，最夺目、最耀眼的！

　　我们都是文明社会里的人，要顺应大自然的规律和门道，但也要用条理清晰的视角去解读世界，了解本质后，才能不被表面现象带歪，才能科学地看待问题和解决问题。在生命的循环往复中，大多数的时候都是随着自我保护的惯性，在不停地进行着取舍发展，试图通过这样的方式始终让自己处于健康，安全可控的状态，了解了这种交往原理之后，在复杂的社交环境中，我们既可以选择适合的环境融入，这等同于自卫，又可以保护他人的心理。

　　这个世界的运行规律就是，宇宙在不断地修正自己，生物也在不断地修正自己，外貌互补很可能是遗传奥秘的一种，人类基因在不断地创新和注入新的活力，后代也继承了双亲基因中的优点和特质，进化和遗传并存，不断地完善自己，促使一切往正常合理的轨道上发展。

　　这就像园艺师会保留主干，修剪枝枝杈杈，让这棵树更强壮健康一样，大自然干的就是取舍这个事，如果人类也懂得这个奥秘，能主动地参与修剪，这棵树一定会更精美。

外貌互补图解：

女：1.高壮，2.长头，3.窄额头，4.胖长脸蛋，5.高挑眉毛，6.小眼睛吊眼梢，7.长宽鼻子，8.大方嘴，笑唇，9.短圆下巴。

男：1.矮瘦，2.短头，3.宽额头，4.短瘦脸蛋，5.下垂粗眉毛，6.大眼睛眼尾下垂，7.细短翘鼻，8.小嘴，翘唇，9.长尖下巴。

2. 外貌互补都补哪了？

爱是最能体现亲密度的，所以我们主要以爱情为例说明这个问题，爱是需要两个人身材和五官长得完全相反为条件的。

大自然的取舍让人在潜意识里，喜欢自己没有的东西，不喜欢自己有的东西，体现在外貌的审美上，就让人有了外貌互补的心理。

那么，根据我在影楼里面的观察，相爱的两个人，他们的外貌互补有哪些对应的地方呢？让我们来看看，他们是：

一个长脸，一个短脸

一个宽脸，一个窄脸

一个高颧骨，一个低颧骨

一个眼睛大，一个眼睛小

一个大嘴，一个小嘴

一个薄唇，一个厚唇

一个人中长，一个人中短

一个大圆脑袋，一个小窄脑袋

一个宽额头，一个窄额头

一个大圆脸，一个小窄脸

一个细长脸，一个短圆脸

一个鹰钩鼻，一个朝天鼻

一个宽鼻子，一个窄鼻子

一个长鼻子，一个短鼻子

一个高额头，一个扁平额头

一个宽下巴，一个窄下巴

一个大下巴兜齿，一个小下巴下颚内收

一个脸型凹进去，一个脸型凸出来

一个鼻梁又高又立体，一个鼻梁又凹陷又平

一个高，一个矮

一个黑，一个白

一个胖，一个瘦

一个宽肩，一个是窄肩

一个脖子短粗，一个脖子细长

一个 X 型腿，一个 O 型腿

一个细长腿，一个短粗腿

一个健壮，一个瘦弱

一个身材直挺，一个弯腰驼背等等

外貌互补图解：

男：1. 身材瘦小，2. 小脸型偏瘦长，3. 眉毛粗下垂，4. 大，圆，下垂眼，5. 小嘴生气唇。

女：1. 身材高大，2. 大圆脸偏短圆，3. 眉毛细上扬，4. 小，细长，吊眼梢，5. 大嘴小唇。

看起来大自然喜欢矛盾；看来大众的审美只是个烟幕弹；看来人与人的审美喜好不同是事实；看来外貌互补就像是月老的红绳一样拴着两个相爱的人。看来社交关系的远近亲疏，是有方法和技巧的。

用这种互补的观点切入来观察人际关系的方法简单粗暴，直接高效，值得研究。

万物的来源与归宿都在一个反字。求同存异，和而不同，这就是为什么你在街上总能碰到一个胖一个瘦的，或者一个很高另一个很矮的情侣走在一起。他们身材外貌反差极大，他们的生物意识会判定对方是美丽的，善良的，会相互提供美好、感动、舒心、平静的情绪，这种潜意识传达的善意会使双方产生很大的安全感和吸引力，这些也是外貌互补带来的情绪价值。

外貌互补图解：

男：1.高壮，2.长头，3.扁额头，4.大圆脸，5.大圆眼睛，下垂眼，6.宽长鼻子，7.厚唇大嘴，翘唇，8.圆下巴。

女：1.矮瘦，2.短头，3.高额头，4.小窄脸，5.小眯眼睛，吊眼梢，6.短翘鼻子，7.薄唇小嘴，笑唇，8.尖下巴。

外貌互补才有吸引力，才会有情缘，旁人看是好汉无好妻，赖汉娶花枝，看起来并不般配，但他们自己的感觉就不一样了，他们会觉得对方很美，其实都是受到了大自然的影响，万事万物都在顺应自然规律，外貌互补的现象正是大自然为了优化人类后代做的准备。

这就像我们把圆形看成是合规的图形，不论你是长成三角形，平行四边形，还是飞碟的形状，在进行一番极端的基因混合之后，你的后代又回到了圆形这种规矩的形状里面去了，让他们不至于跑偏。所以，不管是身材，还是五官，人所有的外貌都能找到和自己相反的样子，只不过是有些类型的人很容易就遇到了，有些类型的人遇到可能要费点劲。

除此之外，还有很多其他方面也能参与这种互补，但是其他方面的占比并不高，可能连十分之一都不到。其他方面的互补有声音、性格、社会地位、经济状况等，但这些产生的影响都不是很大，能够在一起的都是有外貌互补的这个缘分的，或多或少，外貌互补是起决定性作用的，不然手是拉不到一起的。

我检索了几个理论来帮忙支持一下这个现象。

第一，优化组合；第二，二元对立；第三，东西方哲学里，物极必反是自然界的平衡之道。这几个观点拿出来让大家剖析一下，我反正越看越觉得有一定的关联，如果你觉得不对，也可以随时更正，以求更接近事实的真相。

外貌互补图解：

男：1. 矮，2. 瘦小，3. 窄额头，4. 凸脸，小脸，5. 下垂眉毛，6. 扁细眼睛，下垂眼，7. 长鼻子，8. 小嘴薄唇，生气唇，9. 平肩膀，10. 短胳膊，11. 短腿，12. 细胳膊，13. 细腿，14. 小脚丫，15. 小手。

女：1. 高，2. 肥壮，3. 宽额头，4. 凹脸，大脸，5. 上挑眉毛，6. 大圆眼，吊眼梢，7. 短圆鼻子，8. 厚唇大嘴，小唇，9. 下垂肩膀，10. 长胳膊，11. 长腿，12. 粗胳膊，13. 粗腿，14. 大脚丫，15. 大手。

3. 外貌互补是一种优化组合

在自然界中，进化是自然的优化选择，不进化就意味着毁灭，优化组合是自然规律，它某些地方与二元对立和辩证法互通，我们先来看一下外貌互补的优化组合，再去看看哲学对外貌互补的影响。

水满则溢，物极必反，爱情的主要功能是延续后代，孕育新的生命，而外貌互补是把两种极端不同的基因搅拌在一起，改良了后代的遗传基因，经过长期的进化和优化，让优良的基因得以传承，外貌互补应该是平衡人类健康发展的自然规律，生命唯有合道，即遵循"自然规律"才是正确的打开方式。

外貌互补多的人在一起，他们都觉得对方符合自己的审美，是遇到了对的人，有眼缘的人，他们之间会觉得对方360度无死角，能感觉到其他人感觉不到的漂亮或者帅，会觉得所有人不如他（她）好看，同时还会觉得对方善良、温和等，所有的美好都一拥而至。不论是自然选择还是物种进化,有助于生物繁殖的特性会传递给后代,而不被淘汰,这也是一种物种进化的自然规律。

单纯从互补这个角度看,感情变得简单化了,相恋的秘密也被破解了,与其说是满世界找爱情,不如说是在满世界找基因,然后结婚生孩子,养育出更科学健康的下一代。

外貌互补图解:

女:1.长头,2.长脸,3.瘦脸,4.两眼距离宽,5.眉毛细高挑,6.长鹰钩鼻子,7.眼头低,眼尾高,8.细长眼,9.大嘴薄唇,笑唇。

男:1.短头,2.短脸,3.胖脸,4.两眼距离近,5.眉毛粗短下垂,6.短朝天鼻子,7.眼头高,眼尾低,8.大圆眼,9.小嘴厚唇,生气唇。

孩子：综合了父母的外貌，更趋向于适中。

高大魁梧的男士喜欢瘦弱矮小的女士，高的女士喜欢个子不高的男士，如果你是白胖的人，那么你一定会觉得黑瘦的人比较合心意，当然，只有一两处外貌的互补还不能产生足够的吸引力，就像打分一样，一个人与对方外貌互补的地方越多，分值越高，产生的吸引力就越大。

这种外貌互补的规律也形成了每个人潜意识的、独一无二的审美心理，一些人遇到了特别互补类型的人，他们会认为自己很幸运，但是要清楚，自得其乐就可以了，这只是你个人的心理状态，和周围人并没有太大关系，你的审美并不代表其他人的审美。

物竞天择适者生存，人类繁殖后代始终在遵循着这一法则，如果父母双方的外貌非常互补，感情会牢固，会有一个和谐温暖的家庭，如果不那么互补，很可能会互相不顺眼，这个家就会过得很辛苦或者过不下去，很容易鸡飞狗跳打翻天。

眼里完美的人就是外貌互补的地方特别多的人，这两种人遇见的概率并不高，也没有特定的概率可以参考，因为每个人的生活环境、接触的人群是不一样的。

人的一生，能早点遇到互补的人是很幸运的，如果遇不到，那么不是太互补的人在一起也蛮好，只要规避一些视觉问题，总比一个人要好些，如果说这都没有，那也没什么，爱情只是确保人生命美好的一个组成部分，并不是全部，你还可以享受一个人的生活，发展一些兴趣爱好或有意义的事来完善人生，但一般情况下，大部分人都能顺应大自然规律，在日常的社交生活中筛选到喜欢的人。

外貌互补图解（这组图中两个人脸型属于比较类似型的，不是太互补，但是由于大部分的外貌是互补的，也属于互补类型的外貌。互补多少可以作为一个吸引力的参考，互补多的吸引力强一些，互补少的吸引力弱一些）：

女：1. 宽额头，2. 圆脸，3. 高挑眉毛，4. 大眼，吊眼梢，5. 宽，翘鼻，6. 嘴小，7. 尖下巴。

男：1. 窄额头，2. 方脸，3. 下垂眉毛，4. 小眼，下垂眼，5. 窄，鹰钩鼻，6. 嘴大，7. 方下巴。

这就像是一群孩子当中，有玩伴的孩子快乐会翻倍，一个人玩的孩子虽然会孤独些,但同样也可以很开心,况且,一段时间后,这个孩子还可能会找到自己喜欢的小伙伴去一起玩。

大自然是很聪明的,它才是真正的造物主。

4. 外貌互补也是一种二元对立

中国古代的老子，他是早在 2500 年前就看透宇宙真相的人，他的道家思想讲的是万物皆可道，万物从 " 无 " 开始，任何念动都会产生相反的对立结果，任何一件事一定是有正反两面的，他发现我们这个世界是二元对立的，他这个说法看起来比较接近大自然法则。

什么是二元对立，你看看老子的太极图就知道了。

万物生于有，而有生于无，它在对立中统一，在统一中对立，有灭就有生、有好事就有坏事、有爱就有恨、有胖就有瘦、有光明就有黑暗、有开心就有伤心、有男人就有女人。天和地、生和死、好和坏、真和假、爱和恨、富和贫、高和低、快和慢、肥和瘦、幸和不幸、对和错，真实与虚幻，有意识与无意识，等等，这些相反的都是二元对立的关系，正所谓，一阴一阳为之道。

适者生存，万物都有自己的生存之道，人类也在通过外貌互补这种肉眼可见的二元对立，来繁衍进步，顺应大自然的法则。

外貌互补图解（这个图的重点也是面部的凹凸对比，这种类型的人超级互补）：

女：1. 大圆头，2. 大圆额头，3. 凹陷脸，4. 高细眉毛，5. 大吊眼梢，6. 短小、上翘的鼻子，7. 小薄翘唇，8. 凸出下巴。

男：1. 小尖头，2. 窄小额头，3. 凸出脸，4. 低粗眉毛，5. 小圆下垂眼，6. 宽，下垂长鼻子，7. 大厚笑唇，8. 回缩下巴。

5. 物极必反是自然界的平衡之道

在东西方的哲学领域中，二元论与辩证法是两种重要的思考方式。这两种不同的视角在很多方面存在差异，但它们也在相互补充协同作战。

老子认为，二元相生，相克，相辅，而并非对立！世间任何相对之事都会变，且变中求生，物极必反！他认为，天之道，损有余而补不足，天道会自我循环达到平衡，就是减少多余的，添补不足的。这也是道家的一种平均思想。

古代西方著名的哲学家赫拉克利特认为，一切都是在流动和相互转化的。"一切皆流，无物永住"，冷变热，热变冷，湿变干，干变湿，不同的音符结合才能构成一首音乐，否则就不能形成一首完整音乐。这也就是为什么我在影楼的工作期间看到的新人都是外貌非常互补的原因吧，他们真的是两个互为极端长相的结合。

世界是一个有机的整体，世界上的一切事物在相互影响、相互作用、相互制约之中。相反相成的事物才能形成统一体。

有一个自然保护区，原来有许多鹿群和狼群。人们为了保护鹿群，把狼全打死了。鹿群在尽享太平的十年期间，由 4000 头猛增到 4.2 万头。但舒服的生活使它们运动量减少，体质下降，之后大量死亡，最终剩下不足 4000 头，这是鹿和狼相互制约和不制约的结果，说明狼和鹿是相互依赖的。

在这个时空维度中，二元对立的情况遍及一切地方，相反者相成，所以人类的发展也离不开这个因素。

用这种思维去观察人类的外貌互补，使矛盾双方具有相互吸引、相互联结的属性和趋势。就像一个男士比较胖，那他就会找瘦的女士结婚，他们儿子的基因会折中，不胖不瘦，但长大以后也可能会像妈妈或者像爸爸多一些，如果像妈妈那样有些瘦的话，他就会找一个偏胖的女友，如果像爸爸一样偏胖，那他会找偏瘦的女友，这就是肥和瘦的二元对立，这也是一种大自然的平衡之道，他们是不断地循环，相互依存，不离不分。循环往复是二元对立最大的核心点。

外貌互补图解：

女：1. 小头，2. 宽，圆额头，3. 小，窄脸，4. 细的上挑眉毛，5. 大眼睛吊眼梢，6. 两眼间距宽，7. 小，翘鼻子，8. 小的生气唇，9. 尖下巴。

男：1. 大头，2. 小额头，3. 圆脸，4. 粗的平眉毛，5. 下垂小眼睛，6. 眼间距近，7. 窄鼻子，下垂圆头鼻子，8. 大的笑唇，9. 大圆下巴。

史伯在《国语·郑语·史伯为桓公论兴衰》说，"和实生物，同则不继。"是他在哲学高度揭示事物本质和根本法则的重要观点。他认为，"和"是通过不同事物之间的协调平衡和发展来实现万物的生成。

相同的事物放在一起只会有量的增加，就像土加土还是土，水加水还是水，只有量的增加没有质的改变，不会形成新的事物，水加土便成泥，就可以垒墙筑屋，如果再加以火烧，就能成为各种各样的陶器。

　　质变是事物根本的变化，是一种飞跃，经过质变，在新质基础上又开始新的量变，如此推动事物无限循环地发展下去。

　　五官互补图解：

　　男：1.高壮，2.短圆头，3.大圆脸，4.宽额头，5.粗眉毛，眉尾下垂，6.大圆眼睛，圆眼头，下垂眼，7.大鹰钩鼻子，鼻头下垂，8.厚唇大嘴，翘唇，9.长宽下巴

　　女：1.瘦弱，2.细长头，3.小窄脸，4.窄额头，5.细眉毛，眉尾高挑，6.小眼睛，吊眼梢，7.小朝天鼻子，鼻头上翘，8.薄唇小嘴，笑唇，9.短窄下巴

　　种子生根发芽开花结果，之后又变回了种子，这时候的种子已经不是原来的种子。表面上看，在这个周期里，这个种子已经兜了一圈回到他自己，又成为种子，但这个种子和原来的种子不一样了，它经过了大自然的一次演绎，它的品种，它的基因又得到了改良，它已经变成了一个更厉害的种子，这是一种更高形态的

升级，升级后的种子要比原来的种子更强大，万事万物的发展方向就这样螺旋式上升，迂回式前进，既回归，又上升，这是在更高阶段的回复，是扬弃的结果。

在影楼工作的时候，每到结婚纪念日，就会有一对对的情侣领着他们的孩子回到我们这里拍全家照做纪念，这时候就能看到他们孩子的外貌往往中和了父母的特征，变得更标准。

外貌互补就属于两个不同的、相反的情况在一起，宇宙和地球上的生物都在发展中不断地修正自己，大自然在综合考量并运行一切事物，一切都在大自然的法则这个框架中运行，有了方向才不会跑偏。在这些理论的框架下，就不难解释外貌互补的现象了。一切事物都在不停地变成更厉害、更好的自己。前途是光明的，但道路是曲折的，这就是万事万物发展的方向和归宿。

人们可以在认识和把握规律的基础上，利用规律，改造客观世界，造福于人类，帮助人们处理目前看似复杂的事物。

第 二 章

双向奔赴的爱情离不开外貌互补

1. 外貌越互补，吸引力越大

任何人都需要付出爱和得到爱，外貌互补人之间才有爱情，这是他们交往的底层逻辑，爱情实际上和年龄、财富、地位等无关，即使有关系也是违心和牵强的，它只和遗传系统有关，谁都知道，我们寻找爱情的时候，只有一个标准，那就是他或她够好看吗，这就是两个人外貌互补外在吸引的一个标准，实际上人类这种心理行为就是为了优化下一代做准备，搞不好自然界中动物的择偶方式也是这种。

谁都想找最好看的，但是你看，土豆和黄瓜结婚了，地瓜和南瓜结婚了，玉米跟毛豆也结婚了，想到想不到的，长啥样的都没耽误结婚，别人可能不理解，但他们之间都觉得不错，蛮好看的。

每一对到我们婚纱影楼拍照的新人，他们之间都认为对方很美，足够漂亮，他们甚至认为自己的伴侣要比别人的伴侣漂亮，所以，各自都很开心。

也有一部分不是很开心的，是属于那种半开心不开心的，他们之间看对方是觉得有点好看，但某些地方还有点不好看，这一类人往往后面的离婚率也高。

外貌互补图解：

女：1. 小，长头，2. 细长脸，3. 细长吊眼梢，4. 长细鼻子，5. 薄唇小嘴，6. 生气唇，7. 长，尖下巴。

男：1. 大，短头，2. 宽短脸，3. 大圆下垂眼，4. 短圆鼻子，5. 厚唇大嘴，6. 笑唇，7. 短，宽下巴。

一个男士不管有多么富有和强壮，跟他不对眼的女士也不会爱上他。同样，一个女士外在的东西不管有多耀眼，比如是模特，空姐，舞蹈家，和她外貌不互补的男士也不会爱上她的。

人的心理是诚实的，也无法欺骗自己，心理上的喜欢不喜欢在外在的表现上，是很难掩盖的，在感情上，外貌互补是占据主导位置的，这也是为什么很多人会跨越世俗、地域、年龄甚至是性别的界限而相爱的主要原因，事实是，两个人能在一起，图互补好看是真的，图势力、钱财的可能性不是太大，即使是有，也是或多或少有些外貌互补因素的，能在一起的都是有点吸引力的，不然他们是无法靠近的，两个人之间如果互相觉得不好看、不顺眼，是忍受不了做情侣的，任何人都做不到。

外貌互补图解：

男：1. 高，2. 壮，3. 胖，4. 窄脑门，5. 扁眯眼，吊眼梢，6. 大圆脸，7. 大圆头上翘鼻子，8. 小嘴厚唇，翘唇，9. 圆下巴。

女：1. 矮，2. 小，3. 瘦，4. 宽脑门，5. 大圆下垂眼，6. 小瘦脸，7. 小尖头鹰钩鼻子，8. 大嘴薄唇，笑唇，9. 尖下巴。

2. 人类不该划分美丑，每一个人都有独一无二的美

人类实际上是没有美丑的，每个人都有各自不同的风格和特点，胖有胖的美，瘦有瘦的美，高有高的美，矮有矮的美，黑有黑的美，白有白的美，大眼睛很美，小眼睛也很美，外表的美丑是没有标准的，所有的外貌类型，并没有什么实际意义的不同。

就像有方茶杯，有圆茶杯，形状不同，大小不同，功能一样，都是茶杯，没谁比谁美，不同的只是主人的喜好不一样而已。美丑是分谁去看，从外貌互补这方面去理解，每个人的眼光都不相同，有喜欢这样的，有喜欢那样的，就看你喜欢哪一款，那真是千差万别，不能一概而论。

一些心理现象是身体特征的原因引起的，万事万物背后的那种不以人的意志为转移的、确定不移的趋势和规律无处不在。

任何一件事一定是有正反两面，在外貌上，不管是对你自己还是对周围的人，你看到反面就会觉得难看，你看到正面就会好

看，实际上，它只是正反两面而已，并不代表其他任何问题，美丑都是人根据自身特点找反向特征自己定义的，我们不但给别人贴标签，还不忘给自己贴标签。所以如何让自己增加容貌的自信，很简单，自己不贴标签就行了，当然也不能给别人贴标签，你要记住任何一个人都是独一无二的，这是事实。

外貌互补图解：

男：1. 大，短头，2. 宽短脸，3. 下垂眉毛，4. 大圆眼，眼尾下垂，5. 短鹰钩鼻子，6. 小嘴厚唇，生气唇，7. 宽下巴。

女：1. 小，长头，2. 长窄脸，3. 高挑眉毛，4. 小眯眼，吊眼梢，5. 长朝天鼻，6. 大嘴薄唇，笑唇，7. 窄下巴。

3. 外貌互补助推了多样性，发展了生命力

史伯在《国语·郑语·史伯为桓公论兴衰》说，"声一无听，物一无文，味一无果，物一不讲。"这句话的意思是如果世间万物都一致，缺乏多样性和特点，就失去了生命力。

相反，只有在不同的事物之间相互协调、补充，才能衍生出世间万物。"声一无听"就是强调单一的声音不可能动听，声音应该是丰富多样的。单一的颜色没有文采，只是一种味道就不成其为美味，只是一种事物就无法进行衡量比较。只有多样性的东西才具有吸引力和发展潜力。

人类的繁衍，也不太可能违背这一世间万物的普遍规律，而外貌互补遵循的就是这种自然规律。

外貌互补图解：

女：1.矮，圆头，2.大，圆眼，3.短朝天鼻子，4.大嘴薄唇，笑唇，5.短圆下巴。

男：1.高，长头，2.小扁眼，3.长鹰钩鼻子，4.小嘴厚唇，生气唇，5.长尖下巴。

4. 生命当中最重要的是和谁在一起

人群中的孤独是很难过的，爱情是保障人类幸福的重要因素之一，爱能让这个世界上的人不孤单，温暖，有安全感，有归属感，这性价比太高了！每个人都渴望爱情，无关成就和年龄，有热爱的事业和一个彼此深爱的人，既能做自己喜欢的事，又能和自己喜欢的人在一起是非常幸福的。如果没有爱情，人类快乐就会大打折扣，所以请务必找到一个能相互喜爱的人。

五官互补图解：

男：1. 瘦，小长头，2. 额头略宽，3. 瘦脸，4. 大眼睛，5. 长鹰钩鼻子，6. 小的生气嘴，7. 窄下巴。

女：1. 胖，大圆头，2. 额头略窄，3. 胖脸，4. 小眼睛，5. 短蒜头鼻子，6. 大的笑唇，7. 宽下巴。

5. 好的爱情，怎么遇？

　　这里我告诉你，你要是想找到和你外貌互补的人，最好是在大众审美都认可你的地区概率会高一些，这个大众审美的意思是这个地区的人，大部分类型都是和你外貌互补的，你才能优中选优，另外你还要有平台，你一年都遇不到几个人，和你每天都能遇到好多人，遇到的概率肯定是不一样的，其次，还要在兴致相投的人群里去寻找，这样，你们不仅能找到很好的外貌互补的人，也能有共同的话题。不然的话，你们外貌虽然补上了，但是一聊天就卡顿了，一个天上一个地下，不太好弄。

　　我们这是个小县城，在我开影楼期间，会经常有一些我们本地的人和外地人结婚来拍照的，这些年轻人基本上在哪个地区就会在那找一个对象，可见环境和平台对一个人的婚恋交友的影响有多大。

　　人人都寻求真挚的爱情，人人也逃不过人性，爱情最底层的逻辑就是外貌互补，外貌互补就是最现实的人性，这可能会让你对爱情失望，但事实上就是这个样子，人都是视觉动物，爱情这种东西，自古以来都是人类最真实而又美好的感情，这种感觉欺骗不了别人，也欺骗不了自己，双方的感觉一定要见了都喜欢才行。

地球上处处是人群，到处都有错综复杂的关系，外貌互补在人群里也就展示了它时好时坏的才能。

有的人初次见面就会在心里称赞对方，哎哟，这人长得就仁义、好看、善良，无可挑剔。有的却刚好相反，他会认为，这人长得有点凶啊，不善良、不得劲，可能会偷偷地送对方一个白眼。外貌互补引起的心理感觉是各种各样的，它神奇到能让这两个人关系变好，也能让那两个人的关系变坏，反正是四处捣乱。

这从侧面提示一些朋友，不要把自己搞得过分非主流，没必要过分改变样子，没必要过分整容，也没必要过分增肥减瘦，这些危害健康的东西都不可取，人只需要清爽美观健康就可以了，毕竟人们交友或者婚恋之间的选择只是外貌互补，而不是别的东西。

外貌不互补的人在一起，穿金戴银没用，打扮得花枝招展也没什么用，实际上，做什么都没用，就像鸡同鸭讲一样。

事实证明，腿长的人最喜欢腿短的了，那你说腿短的人是该开心还是该不开心呢？所以，打破深深的不自信，要宠爱自己，相信你就是最美的，你认为自己缺失的，大自然一定会用另一种方式来补偿你，你就感觉什么都不缺了。

人是群居动物，谁都不喜欢孤独，所以高低要找个伴，不管是被动的，还是主动的，只要肯努力，每一个人都能找到自己喜欢的人。

6. 外貌互补了爱情就来了

可爱可以书写人的一生，几岁的小孩也可以根据自己的喜好约会，这都是与生俱来的本能。

外貌互补的人之间，有快热的也有慢热的。也可能一眼就喜欢上了，一切好的感觉都来了，人一旦遇到和自己外貌特别互补的人以后，爱会"砰"的一声，像弹力球似的就来了，这就应该就是大家眼里的一见钟情。

真正的感情是适合的，不是改变的，所以，外貌互补是一种天生的感觉，这种感觉只能做筛选不能改变。这也就是为什么一些情侣遇到更加合适的人就会分手一样，因为他们的心跑了，所以在这段关系中，一般情况下，更有优势的应该是后者，他们应该是依据外貌互补筛选出来的更适合的人选，所以从这个角度看，发生这一类事件，各有各的实际情况和选择，很难过于评判任何人。

外貌互补图解：

男：1. 长头，2. 宽额头，3. 细长脸，4. 下垂眉毛，5. 下垂大眼睛，6. 长细上翘鼻子，7. 小嘴厚唇，生气唇，8. 方长下巴。

女：1. 短头，2. 窄额头，3. 宽短脸，4. 上扬眉毛，5. 眼尾高，小眯眼睛，6. 短宽下垂鼻子，7. 大嘴薄唇，笑唇，8. 尖短下巴。

7. 外貌互补的人之间，都长在了各自的审美上

外貌很互补的人见面会有化学反应，这种容貌互补的差异性，会间接影响人的心理辨识度。

遇到了和自己互补非常多的人，就是遇到了非常喜欢的人，就会变得心情愉悦，心生好感，并且留意这个人。

但与此同时，还容易产生自卑心理和容貌焦虑，怕自己配不上对方，这种情况就是完全没必要的，要克服这种不自信，你要知道，两个人的喜欢是相互的，你同时也一定是对方喜欢的类型，要与自己的颜值和解，不要有容貌焦虑。

外貌互补图解：

男：1. 方圆头型，2. 方圆额头，3. 方圆脸型，4. 下垂浓眉，5. 眼头高圆，下垂眼，6. 眼距宽，7. 短圆下垂鼻子，8. 大嘴厚唇，生气唇，9. 长，方下巴。

女：1. 长窄头型，2. 尖额头，3. 尖窄脸型，4. 眉毛上挑，5. 眼头低尖，吊眼梢，6. 眼距窄，7. 细长翘鼻子，8. 小嘴薄唇，笑唇，9. 短，尖下巴。

你只要见到了自己喜欢并且合适的人，你就去接近或者去表白，没关系的，因为此刻对方也会觉得你很美，你也是他眼中的互补类型的人，他也会开心，至少不会太讨厌你。外貌互补多的人之间，都想讨好对方，靠近对方，这都是相互的，能够在一起，这既满足了双方审美的需要，还能有利于发挥他们的积极性和创造性。

所以，好的爱情，外貌互补的地方一定是很多的。

8. 在感情中，自己喜欢就是硬道理

　　只要对方颜值高就会心顺眼顺，脾气也会好，可以避免和减少很多家庭矛盾，美丑是分谁去看的，外貌越是互补，关系越加分，人也会开朗自信，相互信任。

　　反过来，认为对方长得丑，大家脾气都会变坏，多疑暴躁互相不信任。

　　之前在社交平台上看到一个知名的美女博主经常夸赞自己的老公长得如何无死角地帅气，引起了评论区一片哗然，但她自己并不理解，当美女由衷地夸赞自己老公帅的时候，她认为她老公是世间独一无二的帅哥，这就错了，他并不是所有人眼里的帅哥。每个人喜欢的帅哥和美女的类型是不一样的，这也就是为什么评论区也有很多人持反对观点，告诉她，她的老公并不帅的原因。所以感情这种事，人人都是各有各的口味谁也不必说服谁，互相尊重就好。

9. 多方面的互补会更好

一对合适的恋人，只有一个胖、一个瘦这种单一的互补模式是不够的，既要有身材的互补，又要有五官的互补才行，此外，如果有声音、性情等其他多方面因素的互补会更好。

如果完美的互补是一百分，那么身材五官的互补至少要占到八十分才能进行下一步，这是恋人关系最基础的第一步框架，互补得越多越好。但真正好的关系还需要多方面的支撑，比如性格、兴趣爱好、价值观等。

虽然外貌并不是决定爱情的唯一因素，但绝对是一个最重要的参考指标。

有人说这是一个看脸的社会，的确是这样，不同的是每个人都在寻找自己喜欢的脸蛋和身材，这才是答案。每个人都在看脸，看五官，看身材，看性情，看三观，都在衡量和取舍，来优化自己的圈子。

外貌互补的人之间之所以会产生爱情，是因为他们能够满足彼此在心理和视觉上对审美的要求，由此能增强自信心、得到安全感。而共同的经历与相互理解，也能使双方在情感上更加亲近和依赖对方。

小部分的外貌相似也是不错的搭档，很多情侣之间，外貌非常互补，但是也能找到像的地方，但像的地方并不多，这也属于互相欣赏的类型，在心理上你会有很熟悉的家人的感觉，并产生安全感，在影楼工作期间，我能看到一些长得很像的情侣，感觉上他们长的是很相像，但仔细看就能看到他们之间也存在着很多外貌互补的地方。

10. 怎么能知道你们是不是互补？

最简单的判断方法就是，当你见一个人的时候觉得他很好看，你们就是互补类型的，你见他觉得不好看，就是不互补的。

你生活中遇见的每一个人，都有可能是另一个人的挚爱，我们不要在意任何一个人对你容貌的评判，你也别去评价别人，你只需赞美他人，做一个温暖的人就可以了，这是一种美好的品质。

每个人在对的人面前，都会有安全感，心情也变得相对平和，觉得对方优秀，同时也希望自己优秀。在不喜欢的人面前，你的安全感会缺乏，警惕性会经常变高，人也容易激动，不是飙血压就是飙泪，焦虑、抑郁、愤怒、不满等负面情绪会经常光顾你的世界，不太利于健康。

这也是人的本能，谁都改变不了，就像是磁铁同级相遇相互排斥，场面会很混乱，并且阻止不了。看看，人和磁铁的道理都差不多，同级相斥异级相吸！

　　所以，不论外貌互补有多少，不互补又有多少，你的感觉不会欺骗你，喜欢的人就一定是对的人，不喜欢的人一定是错的，这时候就要随着自己的感觉，顺应自然给你的规律，去面对适合的人才行。

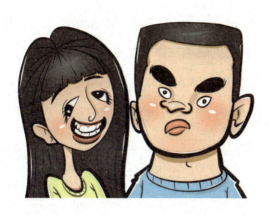

外貌互补图解：

　　女：1.身材瘦，2.瘦短脑型，3.小脸蛋，4.矮额头，5.细眉毛，下垂，6.大眯眼，下垂眼，7.长翘鼻头，8.大嘴笑唇，上唇薄，下唇厚，9.尖，小下巴

　　男：1.身材壮，2.宽长脑型，3.大脸蛋，4.高额头，5.粗眉毛，上扬，6.小圆眼，吊眼梢，7.短下垂鼻头，8.小嘴翘唇，上唇厚，下唇薄，9.宽，大下巴

　　不要裹挟着自己的观点，戴着有色眼镜看人，每个人都应该被尊重，被理解，被信任，被包容。

同时自己也要自信，有的人一生下来就被认为长得难看，有的人遭到过嘲讽，甚至一辈子都抬不起头，这些都是不对的，人类是不分美丑的，无论高矮胖瘦，黑白或是否健壮，你不要因为眼睛小而不敢正视别人，也不要因为眼睛大而羡慕小眼睛，不要因为很瘦或肥胖缺乏自信，也不要因为过高或者过矮而难受，要知道在你互补的人眼里，你现在这个样子正是他们喜欢的样子，每个人都相对应的，和自己外貌互补的人，他们会非常欣赏你。

11. 改变错误认知，要理解人类外貌的多元化，不接受但要尊重

样貌改变了，审美心理也会变的，比如一个人在二十多岁的时候很瘦，媳妇胖，他们是互补的，但是他到了四十岁的时候，他变胖了，媳妇还是那么胖，身材已经不互补了，这个时候，可要当心了！最好是其中一个尽快减肥，不然互相看着都会不顺眼的，这种互补的心理偏好会随着样貌的变化而随时改变的。

外貌互补的感觉是双向的，喜欢或不喜欢的感觉也总是相对的，不互补的人之间，第一觉得丑，第二会互相嫌弃，不太容易喜欢，从生物学角度上看，他们在一起，也不利于物种的进化，从心理学角度上看，互相排斥，很难走到一起。

外貌互补图解：

女：1.瘦小，2.短头发，3.宽额头，4.瘦脸，5.下垂眉毛，6.细眯眼，吊眼梢，7.短翘鼻子，8.眼尾上扬，9.尖下巴。

男：1.高壮，2.长头，3.窄额头，4.胖脸，5.上扬眉毛，6.大圆眼，下垂眼，7.长圆头鼻子，8.眼尾下垂，9.方下巴。

这就是常说的分别心吧，它是和客观事实分离的，从某种角度来说，人的这种分别心也是必不可少的，在与人相处时，要善加分辨是杂缘还是净缘。这里的杂缘在我们这里指的是外貌不互补，净缘指的就是外貌互补。

若是杂缘，则不攀不近。在行为上不攀外缘，在语言上也不可给别人下定义。自然界的一切二元对立，都会产生分别心。分别是识相，无分别是智慧，分别心很重的人，烦恼会多，对别人施加的烦恼也多，最好的方法是淡化它，保持一颗平常心。

很多关系也是大同小异的，那就是一部分人有相互排斥、分离的属性，又一部分人有相互吸引、连接的属性。这些行为最重要的参照物就是外貌是否互补。

我们在婚纱影楼拍照的过程中，大部分人都是开开心心的，但是总有那么一些情侣，能看出来他们之间不是那么太开心的，甚至是互相生着气拍完的婚纱照，这种实际上就不是太适合过早结婚，他们再多一些考虑能更好。

每个人的内心都喜欢外貌长得和自己截然相反的人，无论是身材还是五官，只有互补了才会有兴趣交往。而对和自己完全是一样类型的人关注度要弱一些，不互补的人相互之间都容易被忽视，很多年后的同学聚会中你会发现，上学时合不来的同学，多少年之后仍旧合不来，很大一部分，就是外貌不互补的原因，这是天生的感觉，很难改变，所以，只有认知强大通透，才能在内心对人的判断中产生一些改变。

12. 在感情中，取悦自己是最重要的

外貌互补带给人的感觉是相互的，爱情是相互的，好感是相互的，不喜欢也相互的，体验过程，取悦自己是人生最大的意义，你无论是助人还是助己都是在取悦你自己。如果你不喜欢谁的外貌，那么，请你不要讨厌他们，因为他们不该被你讨厌，你只需减少接触，保持适度的距离就可以了。

很多的人际关系也都这个道理，比如让你在两个人之间选择一个人做好朋友，你一般都会不自觉地去选择那个看起来外貌比较互补的人，这样你会比较顺眼，和这种互补类型的人在一起交往也会很愉快，和获得的爱情一样，让人感觉舒服放松，这也是人性。

正常的情况下，同样的一个人，在少数互补的人眼里是美的，而在少数不互补的人眼里是丑的，在大部分人眼里是普通的，人都一样，所以别去奢求所有人都会喜欢你，你也不会喜欢

所有的人，拥有足够的自信并能取悦自己才是你人生当中最重要的事情。

外貌互补图解：

男：1. 瘦，2. 长头，3. 宽额头，4. 下垂眉毛，5. 小，眯眼，扁长下垂眼睛，6. 小脸，7. 低颧骨，8. 高，细长鼻子，鼻头下垂，9. 大嘴，薄笑唇，10. 方下巴。

女：1. 胖，2. 短头，3. 窄额头，4. 上扬眉毛，5. 大，圆眼睛，吊眼梢，6. 大脸，7. 高颧骨，8. 矮，短宽鼻子，鼻头上扬，9. 小嘴，厚翘唇，10. 尖下巴。

13. 当爱情来了，遇到互补的人后心理发生的变化

爱美之心，人皆有之。当我们的眼睛把捕捉到的有关对方身高、形体等信息，通过视神经传递给大脑。这种信息与大脑里的理想型容貌越是吻合，大脑发出的信号就越是强烈，同时，体内荷尔蒙迅速上升。随后出现的情况是：

大脑释放出调情激素，精力随之大增，心情变得愉快。脑垂体产生一种促使你去讨好对方的激素。它使人的感受变得敏感，同时产生接近对方的要求，呼吸和心跳都随之加快了，所以当互补的外貌能满足对方的心理时，就能像磁铁一样，产生足够的吸引力，很容易形成亲密的人际关系。

物以类聚人以群分，外貌互补能影响人的感受、体验和觉察等等，让你不知不觉中就融入适合自己的人群里了。

14. 有了家庭又遇到了很喜欢的外貌互补的人该如何处理

那就要先给你们的夫妻关系打打分，如果满分是一百分你们打到了七八十分以上，那就没必要改变什么，性价比不高。如果低于六十分，那么你可以考虑一下，爱情是人类幸福的主题之一，在不适合的人面前，会压抑人性，这也是不对的，压大了容易出心理问题。

在人的一生中，爱情圆满只是幸福的一部分，其他还有家庭圆满，事业圆满，健康的心理和身体等等，得到的越多，人生越幸福。这也就是为什么我们影楼拍过婚纱照的人，还会有很多人离婚了，他们又进行了一次选择，或二婚，或三婚的，都有，从情理说，不适合就分手，尽量找到最适合的，是没什么错的，但是由于是婚后的原因，会有家庭的责任问题，包括对自己，对对方和后代，对整个家庭上无论在哪方面，都会形成一定量的损失。

　　所以，最好的管理办法是，在确定双方关系能长久稳定的情况下，再去结婚生子，这样会有一个安稳的生活，也能为孩子们降低家庭问题带来的风险，能最大化地给孩子们创造一个安稳、快乐的成长环境。

　　外貌互补图解：

　　女：1.高胖，2.短圆头，3.高挑眉毛，4.大圆眼睛，吊眼梢，5.圆头宽鼻子，6.圆脸，7.大嘴，笑唇，8.大牙齿，9.尖下巴。

　　男：1.矮瘦，2.窄长头，3.下垂眉毛，4.下垂细眼，5.细长尖鼻子，6.瘦脸，7.小嘴，翘唇，8.小牙齿，9.方下巴。

15. 失恋把人打击得眼前一黑又一黑，怎么办？

听过这样一段话说得非常好，人生是旅途，不要为错过昨天而哭泣，美好还在未来，没有人能从一开始陪你走到最后，不如及时止损，这是一个非常重要的能力。所以，走出痛苦最好的方式是我们淡化它，或者开启新的恋情。

自古情关最难过，在感情遇到坎坷瓶颈的时候，如果你懂得了外貌互补的道理，你就清楚对方并不是唯一，人群中和你外貌互补的人实际上还有很多，你不要只局限沉迷于眼前这一个，或许后面还有更好的人在等着你，知道了这些，你就能帮助自己或者帮助正在不幸遭遇失恋的人第一时间走出阴影，哪有孩子天天哭，哪有恋爱每次都失败，我们应该理智地对待感情，淡化目前所发生的失恋事件，减少伤害。

当相爱的两个人中的其中一方跑路了，排除其他原因，可能是对方遇到外貌比你更互补的人了，或者说，对方遇到了外貌更合适的人，这时候，不要怪对方，也不要怪自己，这是人性，只有在外貌更加互补的人那里，一个人才会更加地安心，换作是你，你也会那么做的，这很正常，所以要理解这种事情，不适合的就不要硬在一起，不然今天你们在一起，明天也是要分手的，还不如早点结束这种不正确的关系，发展新的恋情，这时候要么享受一个人的生活，要么抓紧时间去寻找另一个和你外貌互补的人才对。

每个人都有与他有缘的人，真爱是存在的，你不相信只是你没遇到而已，外貌互补是产生爱情的底层逻辑，不管发生任何事，我们都不要在不对的人面前白费工夫，无论经历过多少感情的失败，都不能为了一棵树，去放弃整片森林，和不对的人分不分手不重要，重要的是要去找到那个对的人。

我在影楼工作期间，发现一部分离了婚能积极再婚的人，他们可以愉快地生活，但是还有一部分人表现得就不怎么样，他们不能积极主动地去寻找伴侣，也不能很好地面对孤独，而是消极抑郁，破罐子破摔、自卑、失去信心、不努力生活，这种类型的人的生活质量都被自己失败的感情经历拉低了，不值得。

人类是群居动物，孤独是很难适应的，努力创造环境让自己有一个好的情感生活，能最大化地保障自己的生活质量。

爱情能带给人喜悦，也能带来烦恼。那些失恋沉沦，实际都是自己给自己设计的枷锁，设想一下，你儿童时期没涉及感情的那段时光不也是一样玩得很好很快乐吗，现实情况看，能多一个玩伴很好，但是自己也是一样可以找到快乐的，很多人失恋后一般都会经历痛苦，然后低潮、再慢慢恢复。

有的人会消极抑郁，对生活没有了希望，有的人甚至极端到自杀，有的人去伤害对方，有的人为了感情封闭自己，孤独终老，精神备受折磨，这些都是对生命极其不负责任的行为，象征性地难过几天没问题，但是更应该用正能量的、充满阳光的、快乐的心态去生活，要适当地调整自己的生活重心，不管是继续争取，还是勇敢地走出来都行，要尽可能地淡然处理这种事件，在美丽的世界面前，爱情只是一个不错的插曲，只要不偏离正常的生活轨道，不过度看重感情的得失，无论怎样，都是可以很好地生活的。

失恋沉沦，都是在心理上自己给自己设计的圈套，不能总待在这个茧房里不出来。要做人间清醒，在感情上顺其自然没有错，你所遭遇的一切，都是老天在保护你，一定有更好的事情在后面等着你。

外貌互补图解：

女：1. 瘦矮，2. 长头，3. 瘦脸，4. 宽额头，5. 高挑眉毛，6. 大圆眼，吊眼梢，7. 高鼻子，宽长鼻子，8. 小嘴，笑唇，9. 尖，长下巴。

男：1. 高壮，2. 短头，3. 胖脸，4. 窄额头，5. 眉尾下垂，6. 小细眼，下垂眼，7. 矮鼻子，短圆小鼻子，8. 大嘴，翘唇，9. 宽，短下巴。

每一个人遇到爱情的概率都是不一样的，有的人很容易就遇到了，那是幸运的，有的人死活遇不到，你得多接触人才能改变这种不利的情况，地球很大，人也多，一定会有更适合的人在等你，但是你得慧眼识人，还要费点劲去把他翻出来才行，这里教你一个方法，你在一个环境中遇不到喜欢的人，那么你就换另外一个环境去遇，如果还是没有，那么再换，早晚能遇到。

每个人都可能会陷入感情的困局，面对感情这种事，人都是单纯的，单纯到只喜欢自己喜欢的人，单纯到没有他（她）世界是灰暗的，单纯到遇到第二个喜欢的人一秒钟就能忘掉第一个。

在感情来临时，随时准备携手一生，也随时准备因为各种原因而分手，适合的人不会离开，离开的人也可能还会跑回来，能真正离开的人一定是不适合的，在自然优化的选择下，一切都是最好的安排。

孤独地面对世界是人生的常态，要学会适应，人的一生总要面对很多无奈的选择或失去，或早或晚，但都不要灰心，因为一切都没有想象的那么严重，当你懂了爱情只是外貌互补的时候，你会在糟糕来临之际预先给自己一个铺垫，一个好的心理舒缓，才能保证自己平稳着陆。

只要用心，同时用正确的方法给自己做心理辅导，就能最大化地止损，尽快地走出人生低谷，在感情里给自己留一份尊严，也给曾经的爱留一份尊敬，调整心态，洒脱对人对事，把每一天都尽量过好才能不负人生。

阳光积极向好而生的人，是复杂世界的明白人，是懂得转化伤痛的，他不会消极，焦虑抑郁也是暂时的，他知道，感情中过程大于结果，享受到就是赚到，人生的旅途风光无限，唯有开心往前看才不会给自己留遗憾。

16. 人群中处处都有外貌互补的佐证

　　听到的是观点，看到的是事实，如果想求证外貌互补，生活当中处处都有，一切有人的地方，都有外貌互补存在，你可以观察街上的每一对伴侣，他们既有整体身材的互补，又有局部的五官的互补，没有例外，如果你看不懂，大的互补特征应该可以看懂，比如强壮和瘦弱、高和矮、胖和瘦、黑和白、大眼睛和小眼睛、大嘴和小嘴，这些都是一眼能看到的互补关系，如果一些情侣的部分容貌不那么互补，那么，他们其他容貌互补的地方会增多，也就是，情侣之间的外貌互补的比例必须是非常大的。

外貌互补图解：

女：1. 瘦高，2. 宽圆额头，3. 细长尖脸型，4. 细高挑眉，5. 大圆眼睛，圆的眼头，吊眼梢，6. 高挺，细长圆头下垂鼻子，7. 小嘴，薄唇，笑唇，8. 长，尖下巴。

男：1. 矮胖，2. 窄尖额头，3. 短椭圆脸型，4. 粗下垂眉，5. 小扁眼睛，尖的眼头，下垂眼，6. 低矮，短宽扁头朝天鼻子，7. 大嘴，厚唇，生气唇，8. 圆下巴。

如果说有不太互补的例外，那么他们之间的关系就得打问号，不互补的人在一起是不会是特别开心的，所以我们在寻找伴侣的时候，总是会自觉不自觉地去寻找互补的人，其实是都在寻找自己心理上认为的 " 最帅 " 的，或者是最 " 漂亮 " 的人。

有些情侣之间外貌互补的地方不太多，但是也比别人多一点，相比之下，他们之间会感觉不太 " 帅 " 和不太 " 漂亮 "，在没有更适合的人出现之前也是可以做情侣的，但是这种情侣关系就不会太稳固，以后的包容性能有多大，能坚持多久就不太好说了。

第 三 章

疯狂的外貌互补让人们的选择大于努力

1. 让人喜欢你的技巧

社交是门学问，我们要解开人际的困惑，首先一点，就是选择和你外貌互补的人在一起，不具备前面这一点，后面的都白搭，因为人际关系就是人家对你的第一印象。

记住只做筛选不做改变，改变没多大意义，只有筛选才能找到互相喜欢的人。在不对的人面前别白费力气没什么用，为了能更好地说明这个问题，我们来听一下这两个朋友之间的对话。

张三和李四在喝茶，两人探讨着人际关系的问题。

张三：很多人认为获得好的社交关系应该这样，长得漂亮，穿得美，善于拍马屁，善于吹牛，努力加忍耐就会得到相应的结果。

李四：我第一点就输了，总结了一下多年的失败，我死在了第一条长得不好看那里。后面连带的那些功夫套餐更没机会去实现，我也做不来，我只能选择本本分分地做人，努力工作。明知不可为而为之，却还硬着头皮搭上关系。这就像个牢笼，劳心费力，最后你不行还是不行！厌恶这些人情世故，所以现在的人很多就不是人，两面三刀憋着自己性子演戏。

身材互补图解：

女：1. X 形腿，2. 瘦，3. 高，4. 头部形状细长，5. 细长脖子，6. 直角肩膀，7. 长胳膊，长腿。

男：1. O 形腿，2. 胖，3. 矮，4. 头部形状短圆，5. 短粗脖子，6. 下垂椭圆肩膀，7. 短胳膊，短腿。

张三：我们其实可以换一个视角去做，就可以不必理会这一套，让你我完美地避开这些东西，不在正确的轨道上。他们过得也很累，谁都不愿意做自己不喜欢的事，也只是出于各种原因不得不妥协而已，他们的社交方向是错误的，认知是偏的，一定会引起社会及人格的混乱。能和外貌互补的人在一起，遇到的都是君子，和外貌不互补的人群在一起，就像遇到了一群小人，很难去相互理解，贵人常常是外貌互补的人，敌人通常是外貌不互补的人。人性使然，一切都是从人际关系开始，只有选择对的圈子才能降低不友好、争斗和愤怒值。

李四：社恐怎么办？

张三：这可能也是圈子不对引起的，他们会在有意无意之间让你觉得自己不够好，让你不自信。一切的一切都是从人际关系开始，只要人际关系搞不好，你有天大的本事也没用，人最大错误是找错人。你必须要有一套行之有效的方法，可以使跟你来往的人心里头很喜欢你，这样你自己的自信也提高了。

李四：用什么技巧呢？

张三：还是参考外貌互补的道理选择对的人群，这才是正确的人际媒介，除了亲人关系之外，人与人之间的互动，它是一定要有深浅程度划分的，这就是根据外貌互补的多少决定的，很多交往都是透过这些看似无形的互补的逻辑去展开。圈子选错了，天大本事都没用，所以，选择对的圈子你就轻松了，选错了在一些方面你可能真的要忍辱负重。

李四：可是，我长得难看啊！哎，我长这样子和我有啥关系，我是长得丑的，都说我丑，我也一直是这么认为的。

张三：你错了，人是不该有美丑之分的，美丑这个概念本身就是个伪命题，每一个人都是独一无二的存在，在个别和你外貌互补的人眼里，你是美的，在和你外貌不互补的人眼里，你就是丑的，或者是普通的，这就是外貌互补在视觉上给人带来的利弊，是外貌是否互补的因，才产生了美丑的果。

　　人际关系跟你的长相有关系，有人就靠着长相占了很大的便宜，有的人因为长相和周围人不互补被孤立，吃了很大的亏，长相是天生的，放到对的环境中，一切都会变得简单了，放到不对的环境中，人际关系会复杂，人是各种各样的，审美的需求也是各种各样的，都是在找自己喜欢的人，在不对的关系中硬挤着不出来，肯定是要出问题的，所以，选择对的人群去融入既是人际的技巧，又是人际的修养。

身材互补图解（只有五官互补是不够的，身材也是需要互补的，互补的地方越多，两个人无论是什么关系，打分越高）：

女：1.瘦，2.矮，3.小脑袋，4.尖脸形状，5.细长脖子，6.直角肩膀，7.细长，弯腿。

男：1.胖，2.高，3.大脑袋，4.圆脸形状，5.脖子短粗，6.下垂圆肩膀，7.粗短，直腿。

李四：不知道我哪里出错了，在单位里，别人出头没事，我要是露出一点尖，都会被一群人孤立起来，看不惯我，我不想再忍让了，让了几十年了，我以前不知道怎么回事，努力工作一出点小成绩就招人白眼还是群体性的！你说我要是干个大的他们还不得打死我啊！那些结伙同盟的人真的有那么情投意合吗？

张三：在自然选择里去看，这可能不是任何人的问题，核心是选择大于努力，你没在对的人的圈子里，方向就丢了，只有在对的人的圈子里，你才是安全可控的，你和他们之间就不会产生太大的矛盾和冲突，他们是适合在一起的人，他们就会有聚合力，在外人看来，他们就是一个团队，这是很正常的，他们也是被人性规律控制住的人。看到他们，也值得你参考一下，你也应该持有一套有效的方法，让跟你来往的人，心里很喜欢你。选择对的社交圈子去调换一下，离开不适合你的圈子，无论是事业还是交友或者爱情，能正确社交，就能赋予别人价值，也等同于赋予自己价值，把自己放到对的人群中，或者让对的人到你这里来，能提高彼此的生活质量，这就是人际关系的真正技巧。

李四：这么说，他们排外的做法是对的？

张三：也不能这么说，某些方面是对的，他们交友的取舍迎合了人性，但某些方面是错的，比如他们没有了解到人性深处的这种外貌互补方面对人的心理干扰，没有顾及周围人的感受，如果能顾及这些是需要他们有一定智慧的，要懂得这个道理并且行动起来，他们是需要努力的，还需要去克服人性。

李四；那么一个人在不互补的人群里，又因为各种原因无法换圈子怎么办呢？

张三：人际的起点，首先是个人形象要排第一，形象要走在其他前面，否则就算有实力，也会被别人忽略低估。所以最好要进入适合自己的圈子，周围人才有可能认可你的形象，如果你换不了圈子，那么让彼此第一眼感觉不舒服的人，也尽量不去交往，没有那么讨厌也没有那么喜欢的人，也不要过于深入交流。感觉喜欢的人，可以适当深入交流，如果全都不喜欢，那就全都不交往，或者泛泛而交，所有社交距离的远近，我们都可以参考外貌是否互补这种肉眼可见的情况去调解，去协调和判断，所以，锻炼你的眼力也很重要。

李四：我就不信邪，这可能吗？

张三：这是事实，并且应该属于常识，但又是最容易被人忽略的常识，只要用心观察，生活中只要有人的地方到处都有这种案例，你不信没关系，但你要是不观察就不对了，只要肯细心观察，每个人都能看到并且读懂这种现象，在人群中，除了亲人关系之外，其他的关系，无论是情侣，交友还是什么，都是这种聚合，这层窗户纸一旦捅破了，谁都能看得懂。

李四：有一个好的性格，并且打扮好自己，吹吹牛，会不会抵消外貌不互补带来的坏处呢？

张三：基本没什么用！

李四：哦！

李四：嘴笨的人很难人际关系好的，长得再帅不会表达也没用的。一辈子注定孤独，我这样就是在外貌互补的人群里好像也不大行。

身材互补图解：

男：1.瘦高，2.细长头，3.细长脖子，4.细长胳膊腿。

女：1.矮胖，2.宽圆头，3.短粗脖子，4.短粗胳膊腿。

张三：在中意你的人眼里，你的优点是优点，你的缺点是可爱，这无形之中会给你增加自信，潜移默化地会让你变得越来越自信，感觉自己又好看又棒，而事实也是这样，你会在他们的认可下变得越来越优秀的，跟外貌互补的人做事，你会事半功倍，很有效率的。

李四：那不错，干任何事以人为本是对的，修养身心，做善良的人，我们开悟了以后，还可以用这个方法来影响周围的人，去分享给其他人，解决他们生活中遇到的困惑。

张三：人际关系通过这种解释后，就能把视野打开，人的情感就丰富了，这会让人变得更有智慧。

李四：受用，所以，如果在不尽如人意的情况下，不要老跟小圈子的人待一辈子，走出去，外面可能会有更精彩的世界。

身材互补图解：

女：1. 瘦高，2. 细长头，3. 细长脖子，4. 平直窄肩膀，5. 细长手脚。

男：1. 矮胖，2. 宽圆头，3. 短粗脖子，4. 宽圆肩膀，5. 短粗手脚。

张三：是的，至少应该走出思想里的围城，眼界的狭隘会导致看世界也变得扭曲，依照外貌互补的规律，我们四方交友，寻找最适合的人群去工作和幸福地生活才对，先精准地找到自己在人群中的定位，然后停留在那里，选择大于努力，这也应该是人际修养正确做法的一部分，人的一生说短也不短，说长也不长，生命的意义还有很多，不要因为人际关系没有处理好而把过多的时间和精力陷入不良循环之中，应该用更睿智的方法把不良的问题结束在开始，我们才能把这一生有质量地过好，不然很可能等你处理好这些事情，人生已经过半，得不偿失了。

李四：是的。

2. 不要随便整容改变外貌

　　做一个独一无二的自己，不要把自己弄成千篇一律的整容脸，我曾经关注一个美丽的网红女孩，长相精致，粉丝众多，她做了好多整容项目，全脸的脂肪填充，额头鼓鼓的不符合生理结构，面部鼓鼓的，像打气了似的，下巴削骨做了缩短，脸颊部也削骨，脸和下巴都歪了，人工制造的嘟嘟唇很不自然，网友都说她是毁容了。倒霉的她，能踩的坑也全都踩了，然后又不断地走上了修复之路。她这么整容的原因是希望自己能被别人喜欢，喜欢自己的粉丝能更多一点。但现在已经面目全非，改头换面的，跟以前的样子完全不一样了，后悔药都没地方买去了。

　　一个人容貌一旦改变了，她只不过是从一种类型转变为另一种类型，这倒不能说她是变丑了，因为在外貌互补的这种框架里，没有什么美丑，只有适合，但是外貌的整体类型改变了以后，你只会让以前喜欢你这种类型的人停止喜欢你，而换成另一种喜欢你现在这种外貌类型的人来喜欢你，这么看来，瞎折腾简直太没必要！

在此也要告诫各位，你这个样子有你这个样子的苦恼，你那个样子有你那个样子的苦恼，人是无法知足的，总是喜欢自己身上没有的样子，这是一种人性，也是正常的心理，所以一定要学会与自己的颜值和解，因为如果你一味地容貌焦虑，把一些感情问题啊，或者事业的不顺啊，诸如此类的方面，全部怪罪于自己的颜值不够，就进入误区了，没有谁颜值不够，只不过是每个人的欣赏角度和类型不一样而已，保护好自己独有的魅丽，去找对的人才对，别乱弄，弄乱了会后悔。

借助现代的美容科技，能保持好自己的特征并让自己保持年轻态就可以了，如果你一定要整形，你就要考虑好是想整成自己喜欢的样子，还是你爱人喜欢的样子？因为整容了，让喜欢你这个类型的人不再喜欢你就犯不上了！这不是不可能的，一定要慎重！

3. 如果你必须要整容，需要了解这两点

第一，整容者本人在心理上，一般不太喜欢自己原来的样子，而是喜欢和自己互补的样子，如果整容很可能把你自己相貌调整到和你之前相反的样子，如果相貌改变过多，这会影响你婚恋交友等很多的人际关系。

第二，每个整容医生在心理上，喜欢的风格不同，如果医生观念固化，不懂得变通，或者不懂得外貌互补的道理，他们就会把你的容貌改变成他们喜欢的样子，也就是和医生外貌互补的样子，因为他们喜欢那个样子，他们认为美就应该是那个样子，到时候，你觉得不好看了，他们还不理解呢，他们会认为你很美啊，不知道你能不能犟过他们。

你看如果医生是大眼睛，他做眼睛的时候喜欢做小一点的眼睛，如果医生是小眼睛，那么他给你做出来的眼睛会很大，医生是大宽双眼皮，他会给你做一个小的细的双眼皮，因为他们的审美

观也是受自身外貌互补这个现象支配的，就这样，他们的审美观会间接地影响你的五官，你说是不是有风险呢？

你改变样子之后，随着外貌的变化，那么你的交友类型也变了，除非你做的是轻微的整形，但如果变形严重了，你拿着假外貌去真互补，后果不堪设想，如果你带着改装的样子结婚了，你出生孩子还会是大自然优化组合出来的孩子吗？

你可以改变身材，改变脸型，改变肤色，改变一切，但是多有风险多遭罪啊！太不值得了，你与其改变容貌想去融入一个不适合的人群，不如改变策略，寻找适合自己的人群去融入。

这种适合的人群就是和你外貌互补的人群，只要走进去了，一群人都会过来围观，直接就夸你好看，哇，来个小仙女或者来个大帅哥，哇，人美心也美，得，这多好，不用费事了，你的身体也不用像削萝卜似的动那么多刀！

所以，改变容貌的性价比真的不高，筛选适合自己的人群才是最简单的，最正确的选择。

爱情是从感官来的，需要是喜欢的类型才行，甚至你怎么打扮穿什么衣服，是否有学识都不那么重要，但是如果整容变得和你认为重要的人不互补了，你们的感情出问题的概率会变大，你想想，情侣可是要天天在一起的啊，看你变难看了，你就被划入到对方不喜欢类型的范围了。

尽量不要改变原来的样子，不管你怎么整容，你的遗传基因是不会变的，只有两个真正外貌互补的人生的下一代在遗传学方面会更科学，你如果变样子了，就不是真实的基因了，那么什么都变了，找对象的类型也变了，也容易生出来不合理的后代。

整容，要么把自己变得年轻，要么强化自己固有的特征，展现你的独特魅力就好。

真的没必要在改变身材、样貌上去下那么大的功夫，应该花时间去筛选对的人群，人性也需要真实轻松而又自由地活着，去遇到那个长得和你完全相反的、外貌互补的人做情侣，这时候，你就等于来到了你的爱情主场。

外貌互补图解：

女：1.高壮，2.方圆形大脸，3.方，平，高大额头，4.高挑眉，5.小细眯眼，黑色瞳孔，吊眼梢，6.短翘鼻子，7.生气唇大嘴，方嘴角，8.宽，方大下巴。

男：1.矮瘦，2.椭圆形小脸，3.小，圆，低小额头，4.下垂眉，5.大眼睛，蓝色瞳孔，下垂眼，6.长下垂鼻子，7.笑唇小嘴，尖嘴角，8.尖，窄小下巴。

第 四 章

了解外貌互补对人们的影响

1. 让孩子们从小就知道外貌互补是怎么回事

现在的社会生活环境中，美丑观念还在普遍存在，不正确的认知会让人产生自卑或者盲目的骄傲，正确的认知能让孩子们遇事豁达，大是大非面前不含糊，小礼小节面前不拘束，能达到一种淡然自信、宠辱不惊的状态。

如果孩子们都懂得外貌互补，他们会更懂这个世界，他们应对日后的恋爱、交友、工作和生活等各种问题的时候，都处理得更合理。告诉孩子，自古以来，爱情一直是人类幸福不变的主题，它会影响一个人的一生，在漫长而又短暂的一生中，能有一个美好的婚恋生活，会给人生加分，会很幸福。

让孩子们知道，成长的很大一部分就是接受，接受失去恋人、朋友、亲人，接受孤独、挫折或失败，接受自己或他人的平凡，然后努力地去改变，努力地找到自己与这个世界的平衡点。

这也能帮孩子们平稳地应对未来有可能出现的感情失败的艰

难时期，让他们在遇到这一类问题的时候能保持清醒不困惑，不钻牛角尖，让他们知道这并不是任何人的错，也不是自己不优秀，只是不适合而已。懂得了外貌互补这个规律，孩子们也将获得超高的情商，孩子们会主动地识别他遇到的每一个人是否适合于他，能帮助他锁定交友的方向和深度，也能帮他拿捏各种社交关系，能去主动寻找到他喜欢的类型，去生活和交友，这也是一种重要的生活能力。

2. 让孩子们知道，每一个人都是美丽的天使

人类，有长这样的，有长那样的，有喜欢这样的，也有喜欢那样的，每一种类型都有人喜欢，每一种类型又都有人不喜欢。

要客观看待自己的外貌并乐于接受，如果孩子从小就懂这些道理，他们就会自信、清晰通透、眼光睿智，人如果变得自信了，幸福感也会增多。在我们的这个小地球上，不自信会让很多人产生各种各样的痛苦和欲望，很多人过高的欲望实际上就是在填补自己的不自信，而这些过高的欲望，也是引起人际关系不和谐的主要因素。糊里糊涂的人是不容易把生活过得幸福的。

正确审美观的养成，离不开父母的引导，告诉你的孩子，人人生而平等，不管你是什么颜色的皮肤和外貌，不论你是什么信仰，不论你是哪国人，只要同在一个地球上，同在一片蓝天下，全都是平等的，任何人都没有例外。

3. 多多赞美别人

这世界因五颜六色而美丽，多多赞赏你周围的帅哥美女们。

每个人都被大自然赋予了与众不同的特点，我们要尽量克服人性的弱点，不要以貌取人，就算没法欣赏别人，也应该保持最基本的尊重。

人类的美是多元的，我们不应该只迎合单一的审美，而应该认可多样化的美才对，五彩缤纷的世界才最美。

世界的精彩是多种多样的，工作、运动、花草、爱等一切能感受到美的东西都会带给人幸福感，生活的主旋律是取悦自己，让自己快乐、同时也要带动到周围的人让他们快乐，这些都来源于对自己的自信和赞赏他人的好习惯，相互赞赏会让你们的幸福指数同时升高。

曾经有一个孩子被别人讽刺说，笑起来很傻很呆，之后他就变得自卑，几十年都不爱笑了，攻击者可能无意，也可能有意，他们可能是任何人，也许是父母，也许是兄弟姐妹，也许是朋友开玩笑，也可能是陌生人，被攻击过的人，如果没有强大的心理，真的非常容易自卑和产生心理阴影，会焦虑很久！

4. 跟你外貌非常互补的人在一起，他们会认为明星都不如你美

要发现和尊重自己特有的审美，不要一味地追求大众审美。荧幕上的明星很美，我们不是明星也同样很美。

对人种或外貌的歧视都是人群当中不正确的观念造成的，要对自己感到骄傲并接受自己的与众不同，真正做到从内到外的自信！只有爱自己才能接受完美发光的自己，才能有能力去爱别人。

每个人都是不平凡的人，每个人都有闪光点，每个人都是宝贝儿，每个人都是世间的精灵，每一个善良的人都是最美丽的，每一个人的美都是无法复制的，独一无二的。

外貌互补图解：

男：1.高壮，2.长头，3.窄额头，4.长圆脸，5.宽下垂眉毛，6.扁小眼睛，眼尾下垂，7.长宽鼻子，8.大嘴厚唇，9.大圆下巴。

女：1.矮瘦，2.短头，3.宽额头，4.短小脸，5.窄眉毛上扬，6.大圆眼睛，吊眼梢，7.短小鼻子，8.小嘴薄唇，9.小窄下巴。

5. 人类的美丑概念是虚构的，不存在的

当你了解了外貌互补的规律，你就知道这世界并没有什么美丑的概念。无论自己长成什么样子，可能是残疾，也可能是什么原因毁容了，你在你对的人眼里都可以是最美的人，我们在影楼的工作期间，也会时不时地看到一些身体有缺陷的人、残疾的人，他们也会遇到合适的人，步入婚姻的殿堂。

科学地认清自己和他人，可以缓解很多因身体外貌方面引起的心理焦虑、抑郁不自信等疾病，人一旦不自信就会觉得不如别人，不如别人就会不服气，不服气就会要强，要强就会产生虚荣心，虚荣心就会出现竞争欲和占有欲，欲望的获得有的好，有的坏，好的可以让人上进，坏的会让社会不太平，归根结底还是不自信引起的人心理上的变态。

了解了外貌互补的内在逻辑，可以让人重拾自信，可以让人们知道，人人并没有什么不同。

那些长在大众审美里的人，只不过是被一些人称赞后，忽然觉得自己还挺美的，就像明星一样，由于出镜率高，被周围围聚过来大量外貌和他互补的粉丝夸多了，粉丝们甚至围追堵截告诉他们有多美，就这么在一忽一悠当中就更容易获得自信。

每个人都需要自信，这个自信一方面来自对自己外貌的正确认知，另一个重要的方面是来自其他人的肯定，多多地接触一些和自己外貌互补的人，你会经常听到他们对你的夸奖，会彼此增添快乐，所以，予人玫瑰手有余香，我们也应该多多地去赞美其他人。

6. 除了爱情之外，外貌互补也在影响各种人际关系

人类的外貌千千万，外貌互补的类型也是千千万，所以人类的审美标准很少有相同的，这只是个人自带的一种投其所好，当你了解了内在的规律性，其实很简单。

如果你了解了外貌互补的规律，你就能主动地去梳理一些人际关系，甚至是各种各样类型的关系，包括人与动物的关系，人与物品的关系，外貌互补的心理在影响每个人生活的方方面面，无孔不入。

举几个例子：

如果你是个单身的小伙，你会根据你的外貌特点，主动地去寻找你喜欢类型的媳妇。

你和什么样外貌的上司能更融洽？

你选择外貌是什么类型的生意伙伴合作会更愉快？

为什么你整容了以后自己很满意，但你回到家里你的丈夫却

不满意，你一气之下又去整容，你觉得越来越美，但你丈夫却越来越怀念从前的你？

为什么在学校里有些老师会无缘无故地偏袒几个他看着顺眼的学生，上课提问总爱找那几个学生？

为什么有些公司领导会无缘无故地看几个员工不顺眼？

同样都是自己的几个孩子，为什么有的父母会用自己的审美观点去区分出哪个孩子好看，哪个孩子不好看，给"被不好看"的孩子形成心理阴影？

为什么同性也会相爱？

为什么有人说胖好看，有人说瘦好看，有的人喜欢大眼睛，有的人喜欢小眼睛，有人喜欢高，有人喜欢矮，他们都各有所爱呢？

为什么人们都对自己认为好看的人开绿灯？

陌生人见面，为什么有的人印象好，有的人印象不好，是什么原因引起的？

为什么有人喜欢这样的小狗，有的人喜欢那样的小狗？

为什么有的人喜欢圆杯子，有的人喜欢方杯子？

为什么有的人喜欢白色，有的人喜欢黑色，有的人喜欢彩色？

为什么家居的装修或者摆设，有的人喜欢这个类型的，有的人喜欢那个类型的？

像这一类的问题会经常出现在我们的生活里，并且哪种类型的问题都会影响到你。

外貌互补图解：

女：1.胖，2.短头，3.大宽额头，4.圆脸，5.高挑眉毛，6.圆下垂大眼，大双眼皮，7.深色瞳孔，8.小短鼻子，9.大厚嘴唇，10.宽圆下巴。

男：1.瘦，2.长头，3.小圆额头，4.瘦脸，5.下垂眉毛，6.扁眼单眼皮，吊眼梢，7.浅色瞳孔，8.宽长鼻子，9.薄唇小嘴，10.尖下巴。

当你了解了外貌互补的这个原理，你就知道人以群分物以类聚是怎么来的了，这就是因为互补的人之间才是真的有吸引力的，互相看得顺眼，态度会变好，效率会变高，有喜爱，有讨好，这是一种不但要求自己好，也要求对方好的爱，这种关系，会给双方大开方便之门。

懂得这些，如果你需要找领导加薪，你就知道该找哪种外貌类型的领导胜算会更高一些。如果你是销售，你也应该知道去找哪一种人，你的客户成交率会变高，这么选择是一种聪明的捷径，效率会显著上升。

7. 外貌不互补的人之间天生自带敌意

你的认知变了，外貌不互补的敌意就不见了，人实际上都是一样可爱的，只是长得不一样，各花入各眼，任何事物都有好的一面和坏的一面，在外貌不互补的人之间，天生就会有些不顺眼或者敌意，这是一种原始情结，是人性里自带的属性，也是引起纷争的雷，所以遇到这种外貌不互补的人我们不能夹枪带棒的，要删除这种干扰才行！要扭转偏见变为友好，智慧的高情商系统才能流畅地运行。

总体上来说，外貌互补是种神秘的力量，它像魔法一样，把相互吸引的人变成各种大小的群体，它只是看起来复杂，但实际上是有规律可循的。

我们既要克服心理层面带来的人际关系的不和谐，又要顺应心理的自然规律，这两边多少有点矛盾，外貌不适合的人，就像两个互相不喜欢的男女在一起，你如果硬让他们的手拉到一起，他们心里是很不愿意的，他们心里想的是，唉，你看你长得这么难看，我可不愿意拉你的手，这样我会很不舒服！

无论是领导、同事、同学、朋友等任何的关系，外貌不互补的人之间，都会自然而然地产生一些小的心理负担，或者不愉快的体验，除非你们都懂得是外貌互补的规律在作怪，并且能克服这个问题带来的不利之处。这不是你的错，也不是他的错，这就像圈子不同，不必强融一样。

但同时，不管是工作还是生活，还是老在一起工作或生活的人，还是要尽量去选择外貌互补的人在一起，舒服的外貌会相互取悦，会帮助你放松心灵，降低血压，甚至带来喜悦，这是应该顺应的人性。

外貌互补图解：

男：1. 高壮，2. 长头，3. 宽额头，4. 长圆脸，5. 眉毛细高挑，

6. 下垂圆眼，7. 长鼻子，翘鼻头，8. 小方翘唇（生气唇）方嘴角，9. 大长尖下巴。

女：1. 矮瘦，2. 短头，3. 窄额头，4. 小方脸，5. 眉毛粗下垂，6. 眯眼，吊眼梢，7. 短鼻子，鼻头下垂，8. 大嘴厚唇，笑唇，9. 短小宽下巴。

如果你懂得外貌互补的这个规律，你就知道遇到人你是该沟通还是该绕道。感觉会跟着五官走，就像有两只不同品种的小狗摆在你面前，让你选一个领养，你一定会挑选觉得好看的狗狗才会开心，在喜欢另一只狗狗类型人的眼里，另外一只才是既可爱又好看的。

如果第一步你选择了另一条不对眼的狗狗，那么你每天都会为这条狗狗买单，你和不喜欢的狗狗在一起，需要克服掉很多不对的感觉，你会看它哪都不好看，会很累的，即使你心里知道那是一条好狗也不行，人际关系也是一样，也正是因为有了这种人性，让有的人相互吸引，有的人相互排斥，所以我们不以面貌不合而否定他人的价值，不以面貌相合而忽略对方的品质问题，要正确对待每一个人。同时要尽量去选择自己喜爱的事物，你才会愉快！

人际交往之间，外貌互补起了决定性的作用，这也从侧面提示我们每一个人，任何人类之间的矛盾，都是不健康的心理制造出来的，外貌不互补的人之间产生的敌视会打破爱的美好，让人缺乏善意，缺乏同理心。

外貌不互补的人在一起要注意保持距离和调和关系，唯物辩证法的核心是"一切从实际出发"。它要求人们在研究任何问题时，都必须首先弄清事物的内部联系，也就是客观规律性。

不要因为不顺眼去攻击别人，世界杯足球运动员因为琐事在酒吧被枪杀，这种不认识的人之间产生的矛盾，很大一部分原因应该来自外貌不互补，虽然不认识，也没有过什么接触，但他们之间会觉得对方难看，觉得凶，会自然而然地挑起来动物征服欲的本能，遇到一点问题就想战胜压制对方，获得胜利，一个心理不健康的人，他在一个外貌不互补的人面前，会形成很大的心理压力，那么后面遇事就很容易打起来。

学校的学生、工作单位的同事、社会上的陌生人经常会因为鸡毛蒜皮的事打在一起，大概率都是这个原因，外貌特别不互补的人之间，会有自然产生嫌弃的感觉，容易出现"你瞅啥？瞅你咋的！"的这种挑衅事件，尤其是涉世未深的青少年之间，很容易打架斗殴发生危险。要让他们了解是外貌不互补引起的不顺眼，是不顺眼导致的不舒心，就可以人为、理智地减少打架斗殴、校园霸凌这一类恶劣事件的出现。

外貌是否互补，能让你第一眼就能判断出对方是不是你喜欢的人，这是一种编程在人性里的、默认的喜好系统。

外貌互补是社交关系中的一种既矛盾但又需要克服的人性，自然属性产生的偏见，我们要主动地去克服，因为那只是表象，不是事实。不管一个人长什么样，他都需要被尊重，不要根据外貌去判断人，尤其是把对其他人的爱憎过于表现在脸上或心理上也是不对的，因为你不一定对。

外貌互补图解：

男：1.壮，2.长头，3.窄平额头，4.宽脸，5.粗高挑眉毛，6.小眼，眼头尖，吊眼梢，深色瞳孔，7.长翘鼻子，8.大嘴，方嘴角，9.长、方下巴。

女：1.瘦，2.短头，3.圆鼓额头，4.瘦脸，5.细下垂眉毛，6.大眼，眼头圆，低眼尾，浅色瞳孔，7.短趴鼻子，8.小笑唇，尖嘴角，9.短、尖下巴。

　　它好的一面是能够帮助人类通过外貌互补不断地进行优化组合，不断地筛选，让更适合的人在一起，让人类往好的方面进化。它坏的一面也很严重，外貌不互补的人在一起会互相疏远、排斥，引起不必要的纷争。

8. 人和宠物或者物品之间也会外貌互补

　　脸庞立体、鼻梁高挺的主人会比较喜欢牛头犬这类五官扁平的宠物，脸庞扁平宽的主人，会喜欢比熊、泰迪一类的鼻梁立体的小脸狗狗。

　　高高瘦瘦的人在修剪植物的时候，总是把这个植物修剪得矮墩墩、胖乎乎的，瘦瘦的人喜欢胖胖的杯子，无论是家居装修、服饰审美、各种物品造型和颜色的选择都会找到互补心理的影子，小孩子选择玩具也会有互补的喜好，甚至，动物和动物之间也存在着外貌互补的特征，自然界的这种互补性无处不在。

9. 导演选演员也在找外貌互补类型的人

　　我们看影视剧的时候会发现一部片子里的很多演员长得都极其相似，这是因为每一个导演都会根据自己的偏好类型去选择喜欢的演员，一般主角都是导演本人喜欢的互补类型和自己的类型这两种，也就是一种是和导演本人长相类似的演员，而另外一种是和导演外貌互补的演员，那种与导演外貌互补的演员会出现得更多一些，因为这是导演喜欢的类型，所以会选择比较多一些，之所以还有一种演员和导演相似，则更多的是导演的一个心结，也就是把自己的因素和感受添加了进去，仿佛通过这个形象在演绎自己的故事，所以，导演选演员选来选去，很有可能选个媳妇带回家。

　　而观众也会选择自己喜欢类型的演员去观看，去追自己喜欢的星。

10. 外貌互补很能让父母在内心偏袒某个儿女

如果一个父亲，他有两个孩子，一个是长得像自己的儿子，另一个是长得特别像和自己外貌互补妻子的女儿，那么就会出现一个有趣的现象，这个爸爸就会格外关注和自己外貌互补的女儿，而多少会有点忽略儿子。但是呢，这个儿子长得像爸爸，又是和妈妈外貌互补，那么，儿子在妈妈这边拥有爱的比重会可能会相应地变高一些，这就是孩子多的家庭容易犯的一个错误，就叫作偏向。

11. 外貌互补的人在一起会有安全感

好的感情能让人产生安全感，小时候和父母在一起，安全感是来自父母的，长大后的安全感最主要的来源是伴侣。安全感给人信心、安全和自由的感觉，所以，有一个好的伴侣能在这个阶段重塑你的安全感。

外貌互补的心理特点有两条。

满足心理需求：外貌互补的两个人能够满足对方在视觉上的需求。例如，眼睛小的个体可能会被眼睛大的个体的独特魅力所吸引，而瘦的人可能会被胖的人的温暖和安全感所吸引。这种互补性能够填补彼此在外貌上的不足，使双方在情感上产生好奇共鸣并相互吸引。

增强自信心：外貌互补的两个人在一起，能够相互欣赏和支持，增强自信心。例如，眼睛小的人在与眼睛大的人相处时，可能会感到自己没有的东西得到了，有种满足感，而瘦的人在与胖的人相处时,可能会感到自己不再那么单薄,也会很有安全感。这种相互的心理支持能够使双方在情感上更加亲密。

安全感很大一部分来自被爱的感觉,但是你不知道哪一天你在意的人又是否遇到了另一个更适合的人而变了心,或者你又遇到了更加适合自己的人,你也不知道年老后你们的身材外貌改变后的类型还是否适合彼此,这些未知的变数都增加了这种亲密关系的不确定性。

父母不会陪伴你一生,爱人也不一定陪伴你一世,真正的安全感可能永远来自你自己内心的强大。

12. 从外貌互补上看，人人都应该是平等的关系

不妄自菲薄，也不随波逐流，不因为外貌的原因去讽刺别人，也不被别人不正确的判断影响。

爱是相互的，感情是相互的，任何人都值得被爱，任何人的生命和权利都值得被关心！了解他人，认识自己，不管一个人长成什么样子，在生命面前我们都是平等的，没有高低之分。

如果你用自己的喜好去选择一个朋友，这是正确的，顺眼的人在一起会给双方带来便利，会在心灵上更容易有更进一步的关系。但是同时也不要歧视你觉得"不好看"的那些人。

明白了这个道理，我们每个人都应该努力，去消除所有的认知偏见、消除肤色或种族的歧视，消除人际的不友好，消除利益的掠夺，消除不该有的争斗。

外貌互补图解：

女：1.长头，2.宽高额头，3.长，瘦脸，4.细下垂眉毛，5.尖眼角，吊眼梢，6.细长鼻子，7.大嘴笑唇，8.短尖下巴。

男：1.短头，2.低窄额头，3.短，肥脸，4.宽上扬眉毛，5.圆眼头，眼尾低，6.短宽鼻子，7.小嘴翘唇，8.长宽下巴。

外貌互补图解：

男：1.瘦高，2.短头，3.宽额头，4.瘦脸，5.粗下垂眉毛，6.扁长下垂眼睛，7.长，下垂，宽鼻子，8.小嘴薄唇，9.尖下巴。

女：1.矮胖，2.短头，3.窄额头，4.肥脸，5.细高挑眉毛，6.短圆眼睛，7.短，翘，小鼻子，8.大嘴厚唇，9.宽下巴。

13. 防范外貌互补又有人格缺失的人

在外貌的喜好面前，我们还应该去学会怎么区分既有外貌互补，又存在人格问题的人，让自己在人群中进退有度，不被伤害。

人格问题从两点就可以看出个八九不离十。

第一、考虑他们原生家庭是否有隐患，很多是从小缺爱不会爱，或者被不正确的观念引导，这种认知在小时候一旦形成终生难改。

第二、观察他们日常行为是否异常，比如交替出现异常热情、异常冷漠、异常狂躁、时冷时热等不正常的行为时，你就要提高警惕保护自己和周围的人了，也要在能保护自己的身心不被伤害的情况下，关注这些行为异常的人。

严重的人格有缺失的人，在人群中是有一定概率遇到的，可能每个人都会遇到过，他们的生活中大量充斥着虚伪、自私、多疑、诽谤、攻击、冷漠，为了自己的利益不顾他人的感受，有内耗自己和消耗周围人的特点，并且很难改变，他们会掠夺资源或感情最大化，我们应该懂得辨认、筛选，合理地应对或远离，来减少他们对我们产生的危害。

外貌互补图解：

女：1.短头，2.方脸，3.宽额头，4.短小方脸，5.下垂眉毛，6.扁笑大眼，双眼皮，7.扁翘鼻子，8.小薄嘴唇，9.短小下巴。

男：1.长头，2.椭圆脸，3.窄额头，4.长椭圆脸，5.眉毛上扬，6.圆小眼，单眼皮，7.高下垂鼻子，8.大厚嘴唇，9.长圆下巴。

所以我们要克服人性的缺点，遇到不顺眼的人适度地保持距离就可以了，长得好不好看都是视觉错觉，真正需要防范的人群，应该是有人格缺陷的人。

人生来就是平等的，不应该有高低贵贱之分，遇见心态不好有人格问题的人我们也没必要去在意，从另一个角度上说，他们也是值得同情的人，人生下来都是一样的，不同的是，这一类人在家庭生活上、道德品质上没有得到过正常良好的教育，就像是一棵长歪了的树，我们要做的是远离，不被他们刮擦磕碰到即可。害人之心不可有，防人之心不可无，要保护好自己，人是不可貌相的，一旦观察到对方的行为举止某些方面有异样，我们提高警惕注意防范或者远离就行了。

完美的、健全的人格不仅仅需要在幼年有良好的成长环境，还要有丰富的爱的阅历，才会对人对己不会缺乏爱这种模块，甚至，可以细化到，你拥有过什么样的爱与被爱，你就会对那种爱有更加深刻的体会，比如你做父母了，你有了自己的孩子，你的孩子是女孩，那么你可能更喜欢女孩，你的孩子如果是男孩，你可能会更喜欢男孩，甚至，只要差不多大的孩子都喜欢，你会感觉到那些孩子和自己的孩子没什么区别，遇事会时不时地有这种感同身受。

第 五 章

理智地对待感情问题

1. 名人或艺术家也有感情误区

有近千项发明专利的美国发明家、物理学家尼古拉·特斯拉，终生未婚，理由是他觉得自己不配拥有女人，如果他知道爱情只是因为符合外貌互补这么简单的原因，他一定会改变想法。

诺贝尔，瑞典化学家、工程师、发明家、炸药的发明者，他创立了诺贝尔奖，但是他经历过了三段悲伤的感情，终生未婚，如果他也知道外貌互补是决定爱情的基本因素，估计也不会那么神伤了，毕竟这地球上和他外貌互补的人还有很多。

让我们走进凡·高的世界看看，他的感情真诚而热烈，但生活对他是残酷的，他总是在错的人面前表错情，他的画也不能被大部分人看懂，尤其是感情方面一次次的失败给了他很大的打击，让他日渐崩溃。

如果凡·高知道了爱情是外貌互补引起的，他可能会变得轻松自信起来，他会知道这不是他的问题，而是没有遇到对的人，他一定会变被动为主动地多去几个地方寻找他的爱情，他也会带着他的画去找到能被认可的人群，不论是才能还是爱情，只有到了同频的世界里，选对了人和环境，天才才不会孤独。

外貌互补图解：

女：1.头小，2.瘦，3.短头，4.窄额头，5.瘦脸，6.细下垂眉毛，7.小下垂眼，尖眼角，8.小翘鼻子，9.小嘴，翘唇，10.平，小下巴。

男：1.头大，2.壮，3.长头，4.宽额头，5.宽脸，6.粗上扬眉毛，7.大圆眼睛，圆眼角，8.宽下垂鼻子，9.大嘴，笑唇，10.尖，长下巴。

德国著名的音乐家贝多芬，大家称他为乐圣，他爱过很多女人，却也不断地遭受爱情的打击，终生未婚，只活到了57岁。

如果他也懂得爱情的底层逻辑也只是外貌互补的这个规律，

那估计他遭受那些打击后，就应该不会特别在意，很有可能活得很久，由此可见，不好的爱情有的时候是真的很打击人。

波兰电影《盲琴师》里被音乐之神眷顾的盲人天才钢琴家米耶特，在每一次"关门"的场景里，都伴随着米耶特的一种情感的失去。他从没获得过别人的偏爱，因而逐渐自闭。苏莎能看见他，她知道他不是她喜欢的类型，而米耶特就不一样了，他看不到苏莎，迷恋的是声音和感觉，并不是她的外貌。如果他不是盲人，那么他就能亲眼见到苏莎，那结果可就完全不一样了，他也不可能去和苏莎去表白，这也是盲人在感情中的不利之处，他看不到对方是否适合自己，靠的都是想象，但这不是事实。

这和凡·高一样，又是一个表错情的案例，他的这种感情，其实也给苏莎带来了困扰，每一个人，每一段爱情都是不断地在筛选、在优化组合的过程中，不适合的、交往不了的就不要去强求，因为那不符合人性和大自然的规律，也不符合人性的感觉。

外貌互补图解：

女：1. 头小，2. 瘦矮，3. 长头，4. 窄额头，5. 细长脸，高颧骨，6. 细，下垂眉毛，7. 眼尾高，吊眼梢，8. 细长鼻子，9. 大嘴厚唇，笑唇，10. 尖下巴。

男：1. 头大，2. 高壮，3. 短头，4. 宽额头，5. 短宽脸，低颧骨，6. 宽上扬眉毛，7. 圆下垂眼，8. 短宽鼻子，9. 小嘴薄唇，翘唇，10. 宽下巴。

加拿大的爱德蒙多有一个流浪的钢琴师，他毕业于皇家音乐学院，曾是该学院的教授，妻子和女儿车祸去世，随后他放弃工作学业，开始了流浪之路。

他在一个公用钢琴上弹奏自创的思念乐曲，非常美妙，并且红遍了网络。

这个灵魂无处安放的人，他如果能勇敢地走出去，用时间化解悲伤，用新的恋情来替代当前的生活，那么他就会拥有不一样的人生，这世界上适合他可以做他新恋人的人还会有很多的，只要他及时止损不消沉，肯去寻找就一定会有。

但是他流浪并且早逝了，这也不是他妻女愿意看到的结果，每一个爱他的人都一定希望他能好好地活在这个美丽的世界里，但遗憾的是他没有做到。

2. 多种多样的爱存在即合理

　　有一个二十多岁的女学生嫁给年纪相差几十岁著名的顶尖教授，他们是一段爷孙恋，和大家想的不一样，当初不被看好的恋情，好多年过去了，如今证明了他们相处得很融洽，感情很好且稳定，他们一路走来遭到了旁观者的很多非议，话题内容无外乎就是相互利用这一类的，内容花样翻新，但这似乎并不影响人家的感情。

　　还有一对特殊恋情，这在当年也是轰动一时，那就是一段大家都很熟知的爷孙恋，同样也是年纪相差几十岁，很多人都不理解这段恋情，一边说男主骗女孩，一边说女孩为了男主的钱财，他们也同样是饱受争议，说什么的都有。现如今男主已经去世，女孩痛失爱人，不但少有亲人安抚，还因为一些原因没有得到男主的遗产，目前落魄街头，然后又出现了很多不良的声音，说女孩子不听父母的话是错的，落到这个下场是活该的，等等，各种负面声音。其实，这些错误的看法都是观念在作怪，真正的原因只是人家是真正地相爱了，就是这么简单，作为一个旁观者也不应该人云亦云，而是应该善良地对待他们，这一类人是勇敢的，他们本身因为年龄差别很大相爱并突破世俗在一起，我们不能送温暖也不该在人家的伤口上去撒盐才对，试想，因为年龄差距太大，相爱的人只有那么短暂的相聚时间，这是很遗憾的，是很让人同情的事。

在人性面前，只要感情来了，任何人都跑不掉，这是基因里刻着的东西，无论距离远近，年纪大小，对的人只要见过面了就很难走开，走开了也要努力聚到一起，这是自然而然的感情引导的行为，这两个案例的年龄差也足以说明外貌互补对感情的影响有多大。

希望世间所有感性善良的人们，在面对感情灾难时，都能变得理智些、通透些、坚强些，能动用办法去解决问题。

那些感情丰富，要求完美、细腻敏感的人，他们的内心会把感情升华到至高无上的境地，并小心呵护，这也是他们与普通人不一样的地方，社交和感情更容易走入自己幻想世界的困境，这个虚幻的世界一旦被打破，带来的伤害也是致命的，从这方面来看，还不如一个普通人来得幸福。

每一个人都应当具备有效的方法来应对看起来复杂，但事实上并不难解决的情感问题。许多在我们看来十分不理解的行为，都是严重的信息匮乏，当你能有效地解决问题，用现成的规律去换一个角度看待问题，世界就不会再有那么多的难题，苦难也可以被随时化解。

每一个已经经历过，或者正在经历情感挫折的人，所有爱他的亲人一定希望他能够重新站立起来，也希望阳光洒满他生命的每一天，每一个人的生命都是珍贵的，希望他们能平安地度过人生中的每一个劫难。健康完整的人生是遇到挫折之后，还能阳光积极地再去开启另一段感情和生活，生命是有限的，生命也是无价的，过好每一天都是为自己的生命负责，人是群居动物，大多数的各种关系也都是阶段性的，但总有人愿意停留下来和你走完剩下的路，遇到这种能陪伴你的人也只是时间的问题，但在此之前，你需要保护好你的健康和生命才能遇到他们。

一个优秀的人，一生都需要成长，只学习书本里的知识和从小有一个健全的原生家庭的教育还是不够的。生活很长，遭遇各种好人坏人，遭遇各种事件的打磨，其中有婚恋有结婚生子，有倾注对长辈及对后代的爱，不同的人生经历都参与完成后，才能让心智更加完善成熟。

外貌互补的规律无处不在，我讲到的也只是能看到的，具体还有哪些影响，大家可以深入地去观察，当你洞穿了这个事实真相，会觉得很有趣，你会发现，大自然才是我们人类的神。

外貌互补图解：

男：1.瘦高，2.窄下垂肩膀，3.长头，4.宽平额头，5.瘦长脸，6.宽下垂眉毛，7.眼尾下垂，8.瘦长鼻子，9.厚唇大嘴，笑唇，10.长方下巴。

女：1.矮胖，2.宽圆肩膀，3.短头，4.窄尖额头，5.圆胖脸，6.细，上扬眉毛，7.吊眼梢，8.扁宽鼻子，9.薄唇小嘴，生气唇，10.短圆下巴。

　　我们的使命是带给自己快乐，带给世界快乐，之后再去另一个世界继续开启下一段旅行，谁知道呢，自然界是否有一些超自然的能量在我看来同样是个疑点，单看物质和能量这种二元对立就很妙，有意识和无意识是二元对立，就像是人睡着了，意识就没了，忽然醒了，意识又来了，这种意识是怎么来回穿梭的呢？按道理来说，宇宙这么浩瀚，不用眨眼的工夫，人早该没了，人不如一粒微尘，那为什么还会有关乎"我"和"你"的这个点的存在呢？二元对立，无的另一面是有，那么，死的另一面也可能是生吧，人走了之后，这边是大悲，那边很可能是大喜。很多研究认为，物质的另一面是暗物质，如果真的是这样的话，人的意识很可能是不会消失的。

假如真的有暗物质，那么，我们这个外貌互补的理论进化的可能不只是身体这一种物质载体，也有可能顺便也参与了人类暗物质的进化，这两种进化极有可能是相互影响和支撑的，这些论点只能作为猜测存在，我们尚且不研究，也研究不了。

什么事都是有可能发生的，我们不做过多探讨。但是如果真的有类似多维的世界存在，那就让每一段时空旅程都饱满并充满幸福感才对。

以此推论，任何交友都要理智又顺应大自然的规律，既要选择顺眼喜欢的人，又要跟外貌不互补的人尽量屏蔽一些感官印象，物以类聚，人以群分，各有各的美，各有各的爱。一个人是好是坏，跟颜值真的没有多大关系。

按照自己的逻辑方式去选择，这是种刻在基因里的喜好，从某些角度去看，需要顺其自然，有时候是不能违背的，违背了也是不行的。

没有长得一模一样的人，就像没有两片一模一样的叶子一样，我们在和人交往的时候要做合理取舍，亲疏有度，天生感觉合不来的人，就不要硬来，你需要适度远离，有边界感，要学会面对真实的人性，这样可以人为地减轻双方心理上的负担，能最大化地减少矛盾，还有一种人面对不喜欢样子的人，无论对方发生了什么不幸，他的态度都是视而不见，麻木不仁，比较冷漠的，这是愚昧的行为，而有的人相反，他们就会很善良，遇事会站在对方的角度去考虑别人，同理心和共情力都很强，这是睿智的行为。

在选择爱情和交友上需要用眼睛去看，但在生活当中面对各种人群的时候，要用心去看，这样做第一是感受他人，第二是成全自己，这就好像我在化妆班级里学习的时候遇到的那个小姑娘一样，她就没有屏蔽不真实的感官印象，她不喜欢我，就处处为难我，她见风是风，见雨是雨，把我当成了假想敌，这就是不对的。

每个人都应该走出偏见，孟子说，第一有好念想，第二努力去做，第三能影响别人，世界在发展，看清这个世界本该有的样子应该是平和柔软，人的善良和欢乐也该被唤醒，无论是大小、强弱、贫穷富裕、聪明或不聪明、美丑等，都不应该是不公平的理由，儿童在开心欢乐中探索天性，成年人之间在相互尊重中达成共识，法律和科学不能解决一切问题，比方说道德问题，指责和对抗也不能解决问题，只有在理解和爱中才能把问题消灭。

心态健康的人能很好地受益于自己和他人，天上众星皆拱北，世间无水不向东，合乎天道自然发展的法则，才是理想的世界。爱很简单，快乐也很简单，不要让过度的欲望复杂了快乐，人类生存的意义不该是无止境的你争我抢，应该是拥有丰富而全面的世界，感受星辰和大海的美丽才对。

懂得了外貌互补的逻辑以后，你就该知道，最好的信仰应该是爱，在感情上，彼此深爱的人能带来顶级的快乐，在交往中，爱他人并能尊重他人的差异化，接受普遍性和多样性，遵循自然规律，能主动地予以人和大自然和善，是一种好的生活态度，也是爱自己的一个加分项。

善良的人都应该知道，每个人所处的位置不同，但人格是平等的，每个人的外貌是不同的，但人格也都应该是平等的，了解了外貌互补，就像手里拿着的一把钥匙，它可以随时开启你的社交大门，让你可以有选择性地、提前地规划自己未来的人生。

第 六 章

人类的多样性，是自然界当中最美丽的现象之一

1. 每个地区的大众审美是不同的

一个地区的人，或者一个民族的人，他们会因为地理气候环境，或者相同民族的影响，有着相似的外貌、相近的审美。

比如，一个被大家公认为漂亮的 A 国女演员，她来到了另一个国家 B 国，而 B 国所有人的外貌，都是和她不互补的，那么，在 B 国里，这个 A 国的美丽女演员就变成了 B 国人眼里的普通人，因为这不符合他们的审美。

生命不分贵贱，长相不分美丑，假如一群人不看好你，这只能说明这群人的大众审美不适合你这种类型而已，换一个环境，你在你外貌互补的人群中，也就好起来了。

比如欧洲人普遍身材高大，五官立体，他们就更喜欢亚洲人娇小的类型，而亚洲人普遍身材矮小，五官扁平，他们就比较喜欢欧洲五官立体、身材高大这种类型的人，现代世界由于网络联通世界和交通发达，出现了很多这种外貌互补的跨国夫妻。

　　社交媒体上出现过一次很可笑的风波，某品牌的广告模特是一位亚洲黄种人面孔的女性，这个模特长着细长的眯眯眼，厚厚的嘴唇，方方的脸，瞬间引起了很多亚洲网友的愤怒，一时间网络上无数的主播都开始批评这个品牌，他们认为不该把亚洲人丑化成这个样子，这是一种对亚洲人的歧视，并且应该抵制该品牌的产品。

　　他们的想法是错的，真正的商业包装只为商业服务，没有哪家公司会冒着风险去做挑衅客户的事情，事实是，商家一定是认为这种类型模特很漂亮，给模特拍照的摄影师或者设计师的类型也应该是高大立体、高鼻梁深眼睛的人，单从外貌互补这个观点上去看，这种眯眯眼类型的亚洲女性就是他们喜欢的审美类型，那么，这种拍照的效果也是他们努力的方向，这种美女是他们喜欢的类型，才会这么去做。

　　好莱坞的影星外貌如果是亚洲人，会受欢迎，因为他们在五官立体的欧洲人种中间，这是他们审美的方向。相反，在亚洲人的人群里，演员如果有接近欧洲人高大的身材、立体的五官，会受到亚洲人群的普遍喜欢，这就是每个地区的大众审美都不相同的原因。

　　与此同时，各种选美大赛的获奖标准，其实也只是一部分评委们喜欢的类型而已，存在概率性，并不代表大众。

2. 各种肤色就像各种颜色的糖果一样，都很美

　　肤色是受地理环境影响的，皮肤的颜色是由皮肤内黑色素的多少决定的，肤色在不同地区和人群会有不同的分布，在寒带，没有烈日的暴晒，身体的黑色素不多，皮肤是白色的，而赤道，是处于阳光集中的热带，阳光里的紫外线照射比较强，为了保护自己身体会产生大量黑色素，会形成呈黑或棕黑色的皮肤，而温带的紫外线不弱不强，就会出现中性的黄或棕黄色皮肤，肤色只是为了适应自然环境的一种保护色而已，不该被贴上美丑的标签。

　　皮肤颜色，没有谁比谁漂亮，也没有谁比谁难看，要说区别，那也只是看你喜欢哪种口味，就像喜欢什么颜色的糖果一样，喜欢就拿好了，每一种颜色的糖果都是又美又甜的。

外貌互补图解：

女：1. 小头，2. 黑皮肤，3. 短圆头，4. 窄额头，5. 小圆脸，6. 细高挑眉毛，7. 大圆眼睛，吊眼梢，大双眼皮，8. 短小翘鼻子，9. 厚唇大嘴。

男：1. 大头，2. 白皮肤，3. 长头，4. 宽额头，5. 窄长脸，6. 宽下垂眉毛，7. 扁长小眼睛，眼尾下垂，单眼皮，8. 长宽下垂鼻子，9. 薄唇小嘴。

我曾经看过一个漂亮可爱的黑色皮肤女孩，她有四五岁，她失望地对着镜子看自己，说自己的肤色太黑了，旁边大人劝说她，黑不怕，只要善良就好，似乎在默认这个孩子肤色黑真的是很黑很丑，虽然是劝说，但听起来大人的表述并不正确，她似乎在孩子面前默认她肤色丑这个事实，那个女孩子听完后更伤心地哭了起来，这对她并不公平，我十分心疼那个女孩子，我觉得大人应该告诉孩子，人类并没有真正的美和丑之分，肤色也是多种多样的，每一个人都是独特的、最美的。

很多白人忙着晒太阳，忙着把自己变黑，面部也是晒出了很多黑斑，还有一些人因此而晒出了皮肤癌，但那也挡不住其他人去晒太阳的兴致，黑种人以白为美，相反，白种人以黑为美，认为晒黑是一种值得炫耀的、健康的肤色，这就是一个心理上外貌互补的外在表现。

这也是为什么有很多国际家庭，黑人和白人夫妻结合得比较多的原因，他们确实都是真心互相喜欢的类型，成为夫妻是很正常的。

外貌互补图解：

男：1. 高壮，2. 黑皮肤，3. 短头，4. 短圆脸，5. 窄额头，6. 宽颧骨，7. 粗下垂眉毛，8. 大圆下垂眼睛，9. 长宽大鼻子，10. 厚唇大嘴，生气唇，11. 宽方下巴。

女：1. 矮瘦，2. 白皮肤，3. 长头，4. 长尖脸，5. 宽额头，6. 扁颧骨，7. 细上扬眉毛，8. 小细眼睛，吊眼梢，9. 细短小鼻子，10. 薄唇小嘴，笑唇，11. 尖下巴。

而黄种人或棕色人种，那就要看他偏向于什么颜色了，他们每个人相对应的都会有自己偏好的肤色。

人种和肤色是各种各样的，性情和爱好也是各种各样的，也正因为如此，构成了我们七彩的世界，真正的美就在你自己的身上，要爱自己，要充分地建立起自信，用外貌互补的规律来了解自己和他人，要有一个高情商、健全健康的心理才行。

第 七 章

用外貌互补的视角去理解和尊重每一个人

1. 看懂外貌互补的人性，你会喜欢很多人

外貌互补图解：

女：1. 长头，2. 长圆脸，3. 窄额头，4. 细下垂眉毛，5. 吊眼梢，6. 长尖下垂鼻子，7. 小嘴厚唇，生气嘴，8. 尖下巴。

男：1. 短头，2. 短小脸，3. 宽额头，4. 宽上扬眉毛，5. 下垂眼，6. 短宽圆头鼻子，7. 大嘴薄唇，笑唇，8. 圆下巴。

现在很多网恋用的图像都不真实，用美颜改变了自己外貌，那么这样就会出现在网络上交谈甚欢，见面就吓跑了的局面，所以，如果你打算网恋，那么你一定要用最真实的照片，胖就是胖，瘦就是瘦，也不要开大眼特效，也不要过度美颜，你只需要把你最原始的风貌拿出来就行。这样，你们见面才不至于会死机。如果你用美颜特效这种不真实的东西去吸引人家来，网络展示的相貌和你真实的人完全相反，那么他人来了也不会喜欢你，因为你们不属于互补类型的人，不会互相喜欢，不会有发展，更不可能在一起。

网络世界发达了，信息的公开让我们耳目一新，通过网络让我们看到了更广阔的世界，有欢乐幸福的，有战争痛苦的，上演着各种喜怒哀乐。

人一生中要经历生老病死，要面对各种自然灾害，只有相互取暖，才能抵御世界的寒冷。人类的身体有着异常的痛觉，思想有着更深邃的情感世界，这些都是需要被保护的，很遗憾，人类到目前为止还没有发展到可以互相尊重、理解和包容的时代，还需要我们共同努力才行。

人们之间的善恶喜好，很大一部分是通过外貌互补这个视角去得到的，当你理解这是一叶蔽目的逻辑之后，会激发你的恻隐之心，你会用更多的宽容去对待这个世界里的每一个人，每一个民族甚至是每一个自然界的物种。

　　而这种宽容，就是你对所有人的爱、喜欢、同情、理解和尊重。能一直持有童年的善心好奇心，成年的责任感和睿智，热爱和平，尊重他人，找到自己喜欢的人和事，和他们一起享受当下的人生，慢慢地走下去，是件多么幸福的事。

2. 做有爱的人间清醒

爱是世间万物幸福的根源，它能带给人最舒适和幸福的感觉，爱出者爱返，付出爱与收到爱，也是一种能得到爱的良性循环。

一灯能除千年暗，一智能灭万年愚，文明当中总有一部分缺失，需要我们去填补，人人生而平等，谁都不愿意被压迫，这是不符合人的本性的。人幸福的感觉不单是来源于利己，能够利他也是幸福感的一个组成部分。安静祥和，友爱才是人类文明发展的方向，拥有良好的心态才会让自己和周围的人平静幸福。

爱能让我们更宽容地去理解世界的复杂性，面对痛苦的、需要帮助的人，大家都能给予一点爱的力量，这种相依的情感，看似平常，实则伟大。爱是会传播的，解锁了外貌互补带来的影响，会派生出来很多东西，血缘和家庭关系也不该是亲密关系的唯一纽带。人类只有方向统一了，普遍信仰爱，让爱传播，才是保护自己的最佳方式。

如果能让越来越多的人了解了外貌互补的客观事实，那么很多人的主观意识也将会发生很大变化，每一个人都会努力趋向于变成一个心理健康并且更善良的人。

男：1.胖，2.短圆头，3.宽额头，4.胖脸，5.宽下垂眉毛，6.圆眼，眼尾下垂，深色瞳孔，宽长鼻子，7.鼻头下垂，8.大嘴厚唇，生气嘴型，9.宽下巴。

女：1.瘦，2.长头，3.窄额头，4.瘦脸，5.窄上扬眉毛，6.细眼，吊眼梢，浅色瞳孔，7.窄短鼻子，翘鼻头，8.小嘴薄唇，笑唇型，9.窄长下巴。

外貌互补局部概括图解

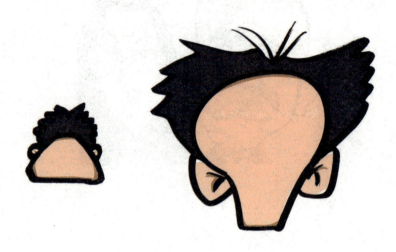

左：小头，短头，窄额头，宽短脸型

右：大头，长头，宽额头，窄长脸型

左：大头，长头，宽额头，宽下巴，窄长大脸型

右：小头，短头，窄额头，尖下巴，宽短小脸型

左：小头，细长脸型

右：大头，短粗脸型

左：大头，长胖大脸，窄额头，圆下巴
右：小头，短瘦小脸，宽额头，窄下巴

左：大头，长头，宽额头，宽方脸型，粗脖子，宽下垂肩膀

右：小头，短头，窄额头，菱形脸型，细脖子，窄平直肩膀

左：凸出脸型

右：凹陷脸型

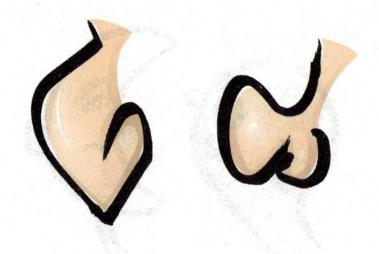

左：下垂鼻子

右：上翘鼻子

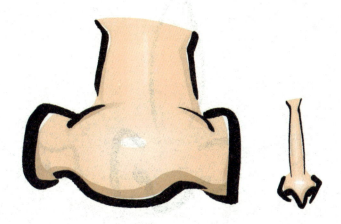

左：宽高鼻子

右：细长矮鼻子

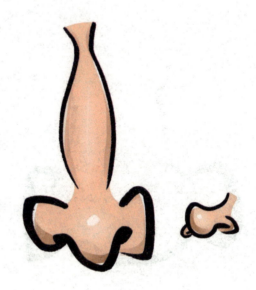

左：大，长直，鼻头下垂
右：小，短翘，鼻头上翘

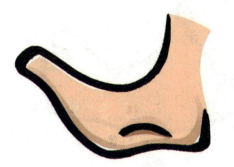

左：大，鼻头尖，上翘

右：小，鼻头圆，下垂

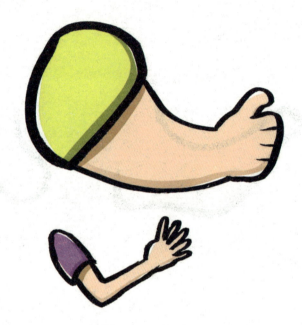

上：胳膊短粗，手指短粗

下：胳膊细长，手指细长

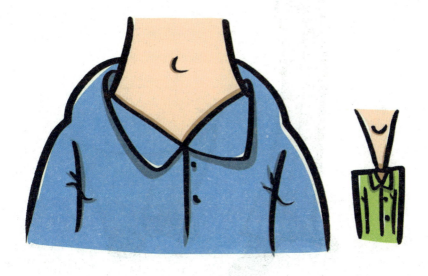

左：长得大，粗脖子，下垂肩膀

右：长得小，细脖子，平直肩膀

左：细长腿型

右：短粗腿型

左：眼睛大得收不回来，眼尾下垂的大圆眼

右：眼睛小得睁不开，眼尾上扬的细扁眼

左：适中扁小眼，眼尾上扬

右：适中大圆眼，眼尾下垂

左：眼尾上扬，眼头尖尖下垂的小眼睛

右：眼尾下垂，眼头圆圆的大眼睛

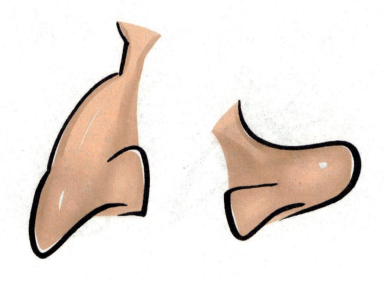

左：长，大，朝下尖鼻头的鹰钩鼻

右：短，小，圆头朝天鼻

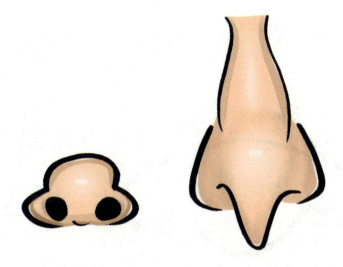

左：露鼻孔的朝天鼻

右：长盖住鼻孔的鹰钩鼻

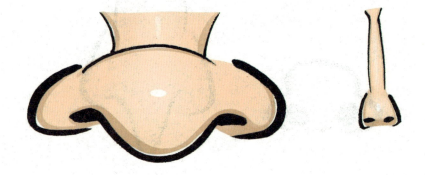

左：大，圆，宽，短，鼻头盖住鼻孔

右：小，细，窄，长，鼻孔露出

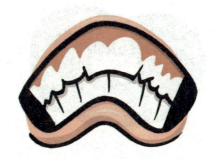

左：小，两边嘴角尖的，朝上，笑形状的嘴唇

右：大，两边嘴角方的，朝下，生气形状的嘴唇

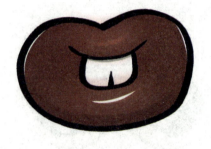 

左：大，圆，厚嘴唇

右：小，扁，薄嘴唇

左：大，笑嘴型

右：小，生气嘴型

左：短头，窄额头，胖脸
右：长头，宽额头，瘦脸

男：细长脸型

女：宽短脸型

女：短，小头部，宽脸型，窄额头

男：长，大头部，窄脸型，宽额头

也可以这样：

左：牙齿小

右：牙齿大